意志

DER WILLE ENTSCHEIDET

危机中的制胜法则

[德]奥利弗·施耐德
OLIVER SCHNEIDER

[德]谢莉·米凯拉·索尔
SHIRLEY MICHAELA SEUL 著

江若含 译

中国出版集团
中译出版社

图书在版编目（CIP）数据

意志：危机中的制胜法则 /（德）奥利弗·施耐德，（德）谢莉·米凯拉·索尔著；江若含译. -- 北京：中译出版社，2022.8
ISBN 978-7-5001-7132-4

Ⅰ.①意… Ⅱ.①奥… ②谢… ③江… Ⅲ.①意志—通俗读物 Ⅳ.①B848.4-49

中国版本图书馆 CIP 数据核字（2022）第 122407 号

著作权合同登记号：图字01-2021-5942

Original title: *DER WILLE ENTSCHEIDET*
by Oliver Schneider and Shirley Michaela Seul
© 2021 by Ariston Verlag,
a division of Penguin Random House Verlagsgruppe GmbH, München, Germany.
Simplified Chinese translation copyright © 2022 by China Translation & Publishing House
ALL RIGHTS RESERVED

意志：危机中的制胜法则
YIZHI: WEIJI ZHONG DE ZHISHENG FAZE

出版发行	中译出版社
地　　址	北京市西城区新街口外大街28号普天德胜大厦主楼4层
电　　话	(010) 68359719
邮　　编	100088
电子邮箱	book@ctph.com.cn
网　　址	http://www.ctph.com.cn
策划编辑	刘香玲　张　旭
责任编辑	刘香玲　张　旭
文字编辑	赵浠彤　林　姣
营销编辑	毕竞方　刘子嘉
版权支持	马燕琦　王立萌　王少甫
封面设计	刘　哲
排　　版	北京竹页文化传媒有限公司
印　　刷	中煤（北京）印务有限公司
经　　销	新华书店
规　　格	880mm×1230mm　1/32
印　　张	6.75
字　　数	152千字
版　　次	2022年8月第1版
印　　次	2022年8月第1次

ISBN 978-7-5001-7132-4　定价：59.00元

版权所有　侵权必究
中译出版社

献给那些忠于职守、保护我们的人

特别感谢谢莉和企鹅兰登书屋出版集团，
没有他们的帮助，
就不会有这本书。

目录

1 | 收集和查明信息：特种部队指挥原则的基础 / 1
　　50 厘米的死亡距离 / 10

2 | 摇摇欲坠 / 15
　　风险因素 / 29
　　意志战胜一切 / 33
　　绑架案剧本 / 44

3 | 准备工作 / 47
　　车　队 / 59
　　行动危机 / 62
　　引爆教条主义 / 64
　　战略目标 / 69

4 | 发言人 / 75
　　绝境中的抉择 / 84
　　对抗本能 / 89
　　魅力是一种秘密武器 / 91

5 | 危机处理小组 / 95
　　特别行动 / 100
　　无线电报员 / 106

部队的信任 / 113
　　　话　术 / 118

6 | 剧　本 / 121
　　　建立联系 / 124

7 | 谈　判 / 131
　　　绑架犯营地 / 140
　　　安全基地 / 142
　　　地狱之周 / 145

8 | 生命的证据 / 155
　　　战场美文 / 159
　　　随时待命 / 165

9 | 绑架犯的策略 / 167
　　　博弈还在继续 / 174

10 | 例行公事的风险 / 177
　　　不稳定因素：人 / 184
　　　握　手 / 188
　　　内忧外患 / 190
　　　分道扬镳 / 196
　　　回心转意 / 199

11 | 达成协议 / 201

特种部队指挥原则——您的个人危机导引 / 203

1

收集和查明信息：

特种部队指挥原则的基础

慕尼黑机场

10月23日上午10时23分

距离起飞时间还剩48分钟,安检口排着长长一队旅客。我没有预料到今天会身处机场。按照原计划,我今天本应给巴伐利亚一家汽车供应商举行安全培训。三小时前,我刚得知这次劫持事件:一艘油轮在尼日利亚海岸附近遭到袭击,至少半数船员被绑架。油轮所属的不来梅航运公司也不了解更多的细节,但可以明确的是,双方交了火。

"死伤情况如何?"我问道。

对方回复:"恐怕不容乐观,我们是在早上五点得到的消息。有人向我们推荐了您,您能马上赶来不来梅吗?"

排在我前面的是一位有着一头金发的、身材丰满的女士。她一边抱怨"我有麻烦了",一边试图把她的手提包理出头绪,也可以说,是试图把她在油轮遇上的危机理个明白。毕竟危机和手提包一样,不管它们体积是大还是小、是国际的还是私人的,里面都充斥着混乱。每个人都经历过危机,包括命运对个人的打击和大家共同面对的时代洪流——金融危机、公司危机和气候危机等。对某一人而言是难以应付的事物,对另外一人而言可能不值一提。遇到危机时,我的心中会自动生成一张地图,展示出所有可见的紧急出口、逃生路线和特别之处。站在我前面的这位女士显然跟我做法一致,只是规模较小——她把包里的东西倒进了安检口的一个灰色盆子里。这确实是明智之举!首先要了解清楚事物的全貌才能解决问题。这也是我去不来梅的原因。

虽说做不到全盘洞悉,但是尽可能多地收集信息,掌握更全面的事态,才能提升成功摆脱危机的概率,这适用于任何一种危机。身为一名德国 KSK 特种部队的军官,我频频处于危险和混乱的情况下,特别是在行动时。我们事先为应对危机做了刻苦的训练,才能在每次任务中尽可能全身而退。当然,危机可能突如其来,打击得人们瘫软无力,但人们总是能找得到出路。它们无处不在,比如现在我左边的玻璃门外就有一条逃生通道。我们必须擦亮自己的眼睛,去发现有时被隐藏起来的通路,成功摆脱危机,这正是我想在下述章节与您分享、练习的内容。我在特种部队服役时积累了不少极端和危机情况下的经验,而这一次,我亲历了绑架事件,还与勒索犯、海盗、刑事犯和恐怖分子进行谈判。

危机是对日常生活的一种冲击,是一种全新的、陌生的状态,人们对其毫无防备。一开始人们不知如何是好,只是慌乱地尝试各种逃跑路线和解决方法,这时往往会犯下致命的错误,令自己越发纠结，使自己不断地被束缚，最终失去回旋余地。紧急情况发生时，人们没有经验可以参照，因此，个人危机、财务危机或职业危机有时会上升为生存危机。

所有危机都具有共性，无关何种危机，不论牵连人数，更不论它波及的是一整个国家，还是一个家庭、一段关系、一个人的健康。未来危机四伏，没有人可以预知。昨天还是风和日丽，而今天就电闪雷鸣。究竟怎么做，才能让事态向好的方向发展？其实只要采取一个正确的行动，就能把危机"塑造"为对你有利的情况。接下来，我将详细解释如何达成这一步，并辅以必要的工具。我由衷地希望，这个方法能够在未来某个时刻帮助您摆脱危机。眼下看起来一切都无大碍，甚至异常顺利，那么，有必要考虑潜在的风险吗？大多数情况下，危机早有预兆，但是我们往往视而不见、粗心大意，忽视了安全漏洞与警告信号。英国人称之为微弱的、几乎不可闻的"信号"。那些发送信号的人通常也不会把它们放在心上，毕竟天无绝人之路。面对风险和危机，最理想的方式还是依靠一个成功的危机应对计划：特种部队指挥原则。

在接下来的任务里，我会为您保驾护航。您大可放心，不管是什么龙潭虎穴，我一定能帮您成功脱身。任务结束后，您得到了锻炼，未来面对危机时就不必再唯恐避之不及，因为您已经知晓如何掌控危机。别担心，这些训练可以在温暖舒适的地方进行，您不需要钻进灌木丛或潜入冷水中，像我在个人战斗训练中那样艰苦。那时睡眠尤为不足，食物极其匮乏，不仅要长时间负重徒步、野外求生、定向行军，而且得游过湍急的河流，跳伞、徒手搏斗、猎食野物等。险峻至此，每一天都是煎熬。在零下20摄氏度的环境中也不得不露天过夜，相较之下，跳伞训练就是小菜一碟。因为要参加各种演习，我去过挪威北极圈，走过土耳其东南部，到过叙利亚边境。我曾在美国101空中突击师换岗服役，最终成为联邦国防军中最强悍的精英部队——KSK特种部队的一员。部队的入队考核可谓是声名远扬，由于大部分考试内容需要保密，就显得神秘，甚至被传得神乎其神。申请人不仅要接受身体检查，而且必须接受联邦军事情报局（MAD）的调查。KSK特种部队一位前指挥官说过，整个录取过程几乎是人们在德国所能遇见的最艰难的事情。只有在这个环节中证明了自己，才能参加下一个更加苛刻的培训课程。最终，少数通过的人获得进入KSK特种部队培训的机会。进入之后更是困难重重，有射击课程、直升机绳降、爆破课程、建筑物中战斗、炸开门窗、闯入公共汽车与飞机等项目。较为轻松的是一些特殊生存训练，包括接受北约专家为期数天的审讯。这一切听起来十分离奇，仿佛是电影里才有的情节，却在现实生活中真实发生过。

你们可别以为我是为了吹嘘，不过那时我确实以自己是这支精英部队的一员而感到无比自豪。我说这些，是为了让你们放心，在我身边十分安全。虽然已经离开部队，但是现在我成立了自己的公司，拥有一个强大的团队，负责安全、风险和危机管理，为公司、家庭和个人提供危机管控服务。我为多家保险公司担任顾问，应对绑架事件。后来，不少公司和家庭对于民事方面的专业经验需求很大，我也开始负责早期预警信号领域的工作。相应地，军服上的肩章换成了安全、风险和危机管理方向的理学硕士学位，在阿富汗、阿尔及利亚、巴西、哥伦比亚、墨西哥、巴基斯坦、俄罗斯、伊拉克、伊朗、也门等国家积累了经验。

我曾与那些企图折磨和杀害他人的战犯、绑架犯、海盗和勒索犯进行谈判。有时，我的谈判策略和技巧决定了人质的生死。这种心理压力巨大，尤其在面对人质家属的忧虑和痛苦时更甚，但是我必须承受，因为寻求策略克服困难已经成为我的本能。这正是 KSK 特种部队进行极端演习的目的和好处。特种部队指挥原则确有价值——危机是对日常生活的一种冲击，就如绑架对于人质的冲击，在这些紧急情况下，指挥原则能够确保当事人生存下去。

大多数德国人认为，自己永远不会被绑架。在德国，这可能是事实，但在其他国家，绑架却时有发生。任何人，包括不太富裕的人，都可能被绑架。许多国家会发生出于政治动机的绑架事件——算是表明立场，不过赎金也不能少。即使不是真的绑架，像虚拟绑架案件、伪造绑架案件也在不断增加。在巴西，做这种恐吓性质的行当易如反掌，只要有人恰巧处于不能联系上的状态，犯罪分子就能得到信息并"抓住机会"。犯罪分子索要赎金的典型绑架案件目前主要发生在西非地区，而网络勒索则遍及世界各地。处理它们都是我日常事务的一部分。

　　一旦掌握了事件情况，我就像排在前面的那个整理手提包的女士一样，进入了谈判阶段。"就是这个东西！"她喊道，像获得胜利一样高举起一个物品，我不晓得其功用，大约是化妆品领域的一个"神奇武器"。两名安保人员对视一眼，咧嘴笑了。我笃定他们在笑这位女士和她的手提包，他们的眼神已经表明了一切。不一会儿，女士就把安检箱里的所有东西都放回包里，准备应对下一次危机。正如我所说，危机早有预兆。婚姻并不会突然亮起红灯，金融危机、政治危机和疾病也多有预兆。事后人们总说："早知道就应该这么做！"但是，出于贪图省事、害怕直面风险或节省成本等种种原因，人们总是没有这么做。

　　我即将前去拜访的不来梅航运公司采取的是何种预防措施，目前我还未可知。我调动了心中所有关于尼日利亚绑架案的信息。冲突四起、风雨飘摇的尼日利亚，没有能力保护本国商船不受侵害。近年来，袭击抢劫的重心已经从索马里海岸转移至几内亚湾。据统计，全球接近60%的海上袭击抢劫事件发生在几内亚湾，每年超过一百起。该地区被认为是海盗活动的热点地区，大至集装箱船、油轮和远洋船，小至冷藏船，均受到海盗侵袭。

　　由于国际社会对商船的保护措施到位，索马里沿海很少再发生海盗袭击事件。此外，许多船舶上配备有私人安保部队以保证航行不受侵扰。我们刚刚才处理完索马里一起船员同船只被绑架的案件，尼日利亚这起案件便随之发生，船只在远离海岸的地方遭到快艇袭击，部分船员被挟持到尼日尔三角洲。他们的生死，此刻全都由我的谈判决定。

原则上，与绑架犯和勒索犯进行谈判，采用的"心理博弈"和运作机制与日常交易并无二致。不管面对的是勒索犯，还是枕边人，规则都是一样的：试图把冲突变成交易。如果双方有解决冲突的意愿，谈判就能成功。如果面对的谈判对象穷凶极恶，甚至为取得谈判的胜利不惜杀害人质，那么情况就变得复杂了。前者一般是敲诈犯，后者则更多是恐怖分子。敲诈犯只想要赎金，恐怖分子则希望将某个消息尽可能有效地通过媒体传播开来。哪个顾客愿意购买被掺了有毒物质的产品？哪家公司希望因为没有支付赎金导致员工被公开处决？恐怖分子诚然危险许多，但和敲诈犯相同的是，他们不会准时出席会议，更不会礼貌地对送来的茶水表示感谢，然后再文明地开始对话。公司谈判只是虚张声势，但是在和恐怖分子及敲诈犯面对面的这张谈判桌上，不存在友善的提议，也没有任何立场。这两者之间的唯一共同点：谈判使用的语言是英语；每小时剁一根手指头。这种粗暴野蛮的行为与公司谈判等无害交易有明显的区别。

谈判时立场不同很正常。人类总是在打交道，如与爱人、孩子、同事、老板、承包商、房东、银行、机构等。但是，许多人在谈判场合依然感到不自在。我认为，他们缺乏一种思路，一个可以遵循的准则。有了特种部队指挥原则，就不必再害怕困难的谈话。下文，我将讲授一些保证成功的谈判技巧，借助这些技巧我们甚至能享受谈判。同时，这很可能是我们认识自己的一个全新视角，可以作为资源记录在"危机手册"中。与绑架犯谈判同样需要记录，我们必须清楚做了哪些承诺，以防对方睁着眼睛说瞎话。这些记录甚至可以在法庭上作为证据。每一章结尾都将展示我个人的"危机手册"。

曾经，我也在危机中了解自己、挖掘自己，并在一起事件中挽救了自己的生命。自那时起，我喜欢将危机称为"地雷"。一个人、一段关系、一家公司，都存在遭到重创甚至死亡的危险。如果我们可以保持警惕，就能够一早识别并排除"地雷"。

50厘米的死亡距离

科索沃

1999年6月

在入驻战场的第四天,我们开着两辆无装甲的越野车上路了。当时,部队的装备落后,远不能满足需求。我们不得不小心翼翼,避开隐秘的饵雷。这次特种部队指挥部充当先锋,给下属单位提供情报。我们的任务是侦察和获取信息,部队关键信息的采集由特种部队指挥部负责。桥梁和道路的通行状况如何?停火协议之下,塞尔维亚部队和阿尔巴尼亚部队是否仍在战斗?如果仍在战斗,地点、双方士兵数量、武器装备情况如何?停战看似美好,却很少落到实处。

另一个值得特别注意的是雷区。为应对紧急情况,我们在马其顿北部开展了为期数周的训练,进行了大量射击练习和应急演练,并反复练习急救技能。发生严重枪伤和地雷炸伤事件时,前几分钟稳定伤员伤情至关重要,10—15分钟后,战场救

收集和查明信息：特种部队指挥原则的基础

援队赶到交接伤员，用直升机搭载伤员前往野战医院。在马其顿北部，我们认真检查装备，重新整备武器。此时，我们身着沾满灰尘的厚重战服，装备手榴弹及发射器、烟幕弹、火箭筒和机枪，坐在德军"狼"式越野车中。我们身上背着约30千克的重物，头盔下那红彤彤的鼻子尤为引人注目，部分人脸上有着晒伤的痕迹。

当时，我的内心惴惴不安，情况我几乎一无所知，战场局势依然扑朔迷离。我们不是没有地图、航拍照片和卫星图像资料，但是实际情况总有变数。转过一个路口，就迎面撞上塞尔维亚的T-72主战坦克那明晃晃的炮口。我们还遇见了喝得烂醉的塞尔维亚人，他们朝着天空放枪；还有大口灌着白兰地的切特尼克人，踩得严重超载的民用车轰轰直响。

每个路口都可能设有埋伏，我们可能撞见恐怖分子射杀百姓而受到牵连，也可能压到地雷。最不幸的是陷入阿尔巴尼亚和塞尔维亚的交火地区，他们随时可能联合起来对付我们。在这种混乱的情况下，特种部队要对科索沃南部靠近阿尔巴尼亚边境的一个边界分明的地区进行侦察。是否有土匪或民兵在此地巡逻？塞尔维亚如何应对？塞尔维亚的非正规军切尼克特真实作战能力如何？他们的暴行我们已有所闻。是虚张声势，还是确有其事？北约的狂轰滥炸摧毁了多少基础设施？有多少辆坦克和军车被摧毁？

塞尔维亚给我们提示了雷区的具体位置，至于地点是否正确,还需反复斟酌,加以判断,但是他们一定没有亮出所有的底牌。雷区里尽是原始的泥路,尘土飞扬,危险至极。此时此刻,我们驾驶着全无装甲保护的车在这条泥路上走着,心里萌生出一股莫名的兴奋感,心中只盘桓着一个想法:下一秒会死吗?只希望幸运之神能够眷顾我们。

遍地都横着尸体,腐烂的气味如面纱一般笼罩着这片土地。任务开始时,我们对这股甜腻恶心的腐烂气味还十分陌生,但很快,我们就成了寻尸犬,能够循着这股气味找到荒地里的尸体。久而久之,这股腐烂味就浸满了衣服,充斥着鼻孔,挥散不去。

入驻战场的第四天,我作为指挥官坐在头车前座。车子以步行般的速度沿着一条土路缓缓地上山,所有人的眼睛都眯了起来,全神贯注地扫视周围环境。我们一次又一次停车扫视近处,并拿起望远镜侦察远处。会不会有塞尔维亚的战车?科索沃解放军是否已经驻扎在不远处的某个地方?阿尔巴尼亚帮派又在何地残害民众?是否有饵雷的踪迹?

"前面停。"我下令。

时至今日,我仍然不知道是什么促使我下了这道命令,但是这道命令却挽救了在场每个人的生命。我拿起对讲机,对大家说:"停!司机留在车上,机枪手监督行动,其余人下车,徒步摸排周围。"

我们三人把子弹上膛,下车朝着山脊行进。才走了大约 15

米，身后一人紧绷着嗓子说道："奥利，我想，我们正处在雷区里。"在他说话的同一时刻，我也注意到了。没错，脚下正是一个混合型雷区：一种是反步兵地雷，炸毁四肢，可使人重伤并致人死亡；一种是反坦克地雷，可摧毁车辆和坦克。一旦触发反坦克地雷，我们这辆"狼"式越野车就会被炸飞，直冲云霄。

"真够倒霉！"我的副手脱口说道，他拥有丰富的作战经验。之后队伍陷入了长时间的沉默，每个人都竭力稳住身体重心，好像突然就不会自然地保持平衡了一样。我们心里非常清楚如果踩中地雷会发生什么，那么多受害者就是血淋淋的例子。

"循着踩过的路线返回车里。"我下令，肾上腺素在体内翻涌乱窜。汗水从我们的脸颊和背上倾泻下来，顺着皮肤流进臀部。我祖父谈到战争时常说："屁股像烧开了水。"如今看来，这句话甚是应景。

我们几人终于完好无损地返回车旁。这时，我发现一颗俄罗斯设计的反坦克地雷半掩在"狼"式越野车前 50 厘米处，仅从沙土里探出了一小块压力板。原来，我们距离死亡只有这 50 厘米的直线距离。

随后我们向军事指挥部上报该雷区位置。指挥部将其标注在北约地图上，列为禁行区域。排雷工作仍需很长一段时间，耗费无数精力。第二天，我们得知，另一个英国人接管的地区内，两名廓尔喀雇佣兵精英被一颗反坦克地雷炸死。他们只是单纯想绕过一座残桥，且这块区域在地图上没有任何标示，不幸就这么发生了。

　　相比之下,我和手下十分幸运,能够沿着脚印从途中安全返回,且我们意识到自己身处雷区,积极地排查风险。通常情况下并不存在回头的机会。没有人喜欢突发事件,但是,这正是潜在的风险因素!就此次事件而言,风险因素就是脚印,如果不加注意,必然会造成危机,不来梅航运公司发生的一切似乎仍旧历历在目……

摇摇欲坠...

不来梅

10月23日下午1时40分

不来梅这家航运公司的总部建筑可谓是一个杰作。建于18世纪的原有建筑与新建筑融为一体。这是一家拥有200多年历史的家族企业，名为弗雷德里克·奥尔森的现任董事，此刻正站在顶楼办公室的桥上迎接我。他的办公室别具一格，摆放着厚实的深色木质家具，看起来宽敞又不乏舒适，令人不禁联想成一间船长室。玻璃柜里陈列着古老的航海仪器，墙上挂着历史悠久的航海图，以及必不可少的祖先画像。这些蓄着浓密胡子的长者十分可敬，他们带领着这家公司乘风破浪，奋勇向前。目光移至角落，船钟旁一个巨大的方向盘引人注目。此刻我脑中闪过一个念头：这老古董有些多余。

弗雷德里克·奥尔森对于我过分用力的握手问候表现得格外镇定。每次与人握手，我总是反复暗示自己放松一些，这样虽然改进不少，但依然生硬得像是拿着老虎钳要给对方做身体检查。这是我过去在特种部队养成的习惯之一，实在难以改变。

"施耐德先生，很高兴您能这么快赶过来。"奥尔森像是松了一口气。他看上去个人能力似乎很强，应该能够妥善处理这件事。他很清楚何时需要外部的支援，这是成功的一个前提条件。尤其在面对危机时，任何一个微小的决定都可能导致生死或成败，因此寻求业内专家建议的做法十分明智。对于个人而言亦是如此，比如精神迷茫或走失，我们寻求心理专家的建议；婚姻摇摇欲坠，我们寻求感情专家的帮助。某些情况下，一个人单枪匹马无法取得进展，固执己见可能是一个巨大的甚至致命的错误。此次被绑架的九名船员正面临着生死攸关的处境。

奥尔森约莫60岁，深蓝色西装衬托出宽厚的肩膀，与他浅蓝色的眼睛十分相配，一头灰白色的头发恰好符合人们对于北方人的固有印象。奥尔森向我逐个介绍了在场的人。法律顾问詹森博士，活脱脱是另一个年轻点的奥尔森，只不过较为瘦小，显得不够壮硕和有魅力。首席安全官斯特凡·克鲁格，看上去30岁左右。首席安全官这个职位至关重要，任何培训都必须经他之手，而且每家在国际水域运营的航运公司都必须配备这个职位，才能获准在港口停靠。最后是两名女性，人事经理佐默尔和公关经理冯·斯腾伯格，她们比另外两位更加紧张不安，恐怕是因为劫持事件与她们的工作直接相关：佐默尔女士担心被绑架的海员，冯·斯腾伯格女士则担心公司的形象。

这个临时组建的团队包罗了各路神仙，其中的利益关系多元且复杂。要想成功解决劫持事件，就必须团结队伍向一个目标迈进，这是我的第一个任务。陆军元帅莫尔特克伯爵说过："分开行军，联合出击。"军队只有团结一致、万人同心，才能无坚不摧；只有决策英明、众人如一，才能立于不败。此刻聚在这儿的人能做到这一点吗？

人的个性决定了我们不是机器。一个人的危机防范能力高低由众多因素决定，身体因素也是其中之一。生病或免疫力低下时，日常不起眼的问题也可能使我们倒下。一个人的处事态度远比外在形式重要。乐观主义者和悲观主义者看待事物有别，易怒型和乐天派应对事情的方式不同。归根结底，无论是一个人，还是一个会统一目标行事的公司，所面对的挑战的本质是相同的，关键在于自己如何看待，以及如何平衡危机中各方的力量。越成熟、批判能力越强的人，越能放下敏感和虚荣；领导能力越强的人，越能抛开身份和地位束缚。这个临时团队里的人究竟有多大的灵活性，我在见面观察之后有了初步的判断，接下来的深入交谈就能验证一二。无论如何我绝不能固化自己的思维，面对危机必须保持开放的心态。很多时候，答案隐藏在最初不显眼的角落里。

我们在角落的两张硬皮沙发上坐了下来。奥尔森则有自己的专属座椅，这想必是来自他父亲，或是祖父的传家宝。木桌上备有饮料、水果和茶点。这个坚实的木桌上嵌着一个旧的船用罗盘，指针指向北方，这显然不是一个正确的方向，这次的事件发生在南方。法律顾问詹森向我们介绍了具体情况：

"德国时间 5:30 左右，我们公司的 MS 维多利亚号在几内亚

摇摇欲坠
2

湾距离尼日利亚海岸约 60 海里（1 海里 =1.852 千米）处遭到三艘海盗快艇的袭击，袭击者约 20 人。由于船体侧面高度较低，攻击者携带武器轻易上了船，并绑架了九名船员。他们使用船上的卫星电话与我们公司的首席安全官通话，安全官警觉地将通话录了音。"说罢，詹森朝着克鲁格点了点头，示意他打开录音。

我在脑海中还原出绑架事件的经过，整个过程与骑士时代进攻城堡大致相同。海盗在摸底之后，选择驾驶快艇从油轮尾部上船。这个做法十分聪明，因为雷达无法探测到小型快艇，但这样的做法十分冒险。海盗驾驶着快艇全速冲向油轮，甩出绳索钩住栏杆，再攀着绳索迅速登船，这需要巨大的勇气和技巧，甚至有可能付出生命的代价，因为许多海盗并不会游泳。在索马里，船上配备的安全部队常常能成功阻止这种偷袭；而尼日利亚沿海只允许军队的存在，雇佣私人武装是违法行为；在远海，船主认为配备私人武装费用过高且程序烦琐。根据规定，一旦进入尼日利亚水域，私人武装就必须下船。

通过录音，我听到一阵嘈杂，紧接着是某个激动的声音，语速快得像一挺机关枪："如果报警，我就杀了这些人。我们想要……百万，不给的话他们就得死！"

其余在场的人一定听过这段录音很多遍，此刻却没有打算说些什么。奥尔森问我："你听清录音里说的金额了吗？"

"没有，百万前的那个数字十分模糊。"我回答道。"没错，我们也听不清。"法律顾问接着说道："没有人知道人质现在在哪儿。此刻这艘船行驶在前往哈科特港的途中,船上还有一半船员。目前所了解的情况就这么多。"佐默尔女士插话说:"别忘了,现场发生了一场枪战。""确实有一些枪响声,"首席安全官证实了这一点,"但是我们没有人员伤亡。"

"什么叫没有人员伤亡?"佐默尔一脸愤愤不平的模样,"二副受到惊吓,一名水手在躲避时被绊倒,可能摔伤了腿,更何况谁也不清楚人质的安危!""这些消息务必要保密,绝不能公开。"公关经理紧张地强调。

"这些消息说不定已经公布于众了,"我说,"海盗也会运用社交媒体,这是他们其中一个方法,目的是向公司施压。""天啊,不会吧!"冯·斯腾伯格女士哀叹道。奥尔森更是嗔怒着说:"这些海盗还妄想着为自己开脱,故意抹黑公司,声称公司不在意人质安危。"

我点点头表示认可,奥尔森一点就透。我补充说:"也可能是被绑架的船员或船上的人与家人通过电话。""我们已经交代工作人员口风要严。"首席安全官与人事经理交换一下眼神,接着解释了一句。

"但是,你们清楚船员或他们的亲属有没有与当地新闻媒体取得联系吗?""当然不清楚,"克鲁格说,"不过我们应该尽快查清楚,夺回信息主动权。"奥尔森比出一个默克尔标志的菱形手势,又翻转成帆的形状。"施耐德先生,再次感谢您。您能腾出时间,此刻和我们坐在一起,真是太好了。""你说'好'是

摇摇欲坠 2

什么意思？现在可是人命关天！"人事经理佐默尔捕捉到只言片语，脸沉了下来。

"我不这么认为，严格来说，他们不算是我们的员工。"法律顾问的话有如一记惊雷，更像是一种警告。"我们不能在公众面前玩弄话术。"公关经理冯·斯腾伯格女士当即反对。人事经理立即点头支持："当初是谁以费钱和多余为由拒绝追加安全措施的？还心安理得地认为，反正从来没有出过事。"

当下可不是一个解决内部工作疏漏的理想时机。我对这样的对话太熟悉了，不是采取行动，而是一味地推卸责任。显然，这家航运公司被名叫危机的海浪拍打得向一侧倾斜，不过还远远不至于翻船。团队合力一定能使这艘船重新浮起，但是我必须了解事实。冯·斯腾伯格女士却在此时绕起了圈子："消息太过透明恐怕不是件好事，尤其是现在警察要来，官员们也都知道了。"

"是的，我们应该与联邦卡特尔局携手合作。"法律顾问詹森的声音打破了僵局。

首先我们团队成员之间应该携手合作，这个念头在我的脑海里闪过。眼下的第一要务是制定一个明确目标，而此刻还没有一丁点儿眉目。

"被绑架的船员是哪几个？"我问首席安全官。据我观察，面对这种境况，所有人员就数他最为镇定。他细数道："船长；一名乌克兰人；技术长，白俄罗斯人；厨师，罗马尼亚人；另外五名船员是菲律宾人。"

"被绑架的人员中没有德国公民?"我问道。"船上没有德国公民。"斯特凡·克鲁格回答。"那么你们不能和联邦卡特尔局合作。"我笃定地说道。"这是什么意思?这又是什么混淆视听的手段?这就是你所谓认真的态度吗?"没想到,法律顾问詹森也并不和我站在同一阵营。

"联邦卡特尔局只有在涉及德国公民的情况下才会行动。国际海事局在得到劫持事件的消息后,会将消息下达至联邦卡特尔局,同时向航行在该地区的其他船只发出警告。"

冯·斯腾伯格女士显然是没有听说过这个机构,脸上写满了疑惑。奥尔森向来懂得察言观色,对她解释道:"这个组织的作用是通过打击犯罪和欺诈行为,保障海上贸易和货物运输,还包括将所有事件公布于众。"

"谢谢!"冯·斯腾伯格女士说完,紧接着向她的老板道歉,"作为公关经理我本该知道,但是我们新闻部从来没有遇到过这样的情况。"奥尔森点点头,说道:"对于我们所有人来说这都是未知的新领域。""我邻居的女婿在联邦卡特尔局工作。"佐默尔女士尝试着提出一个还未被讨论过的解决方案。

"想必您说的警察是联邦海事警察吧?"我问道。

"呃,是的。不久前他与我们联系,想派人过来。"

"这是他们在走正常流程,并不会采取行动,也不会帮忙解救人质,只是来了解情况和确认匪徒,以便进行澄清和上诉。"

摇摇欲坠
2

"所以您的潜台词是,没有您的帮助我们就完蛋了?"冯·斯腾伯格女士的语气不善,甚至带着讥讽。

我没有理会她,接着问道:"您对海员的身体状况了解多少?有没有人患有慢性病?有没有哪个海员可能需要胰岛素?"

冯·斯腾伯格女士接不上话,有些尴尬。

给人事局打了几个电话后,我们了解到,海员中没有人患慢性病,且都通过了适航体检。如果有人依赖药物,就必须顾及此事。在谈判过程中,时间是一个十分重要的因素。几年前,我曾负责一起劫持事件,其中一名海员患有 2 型糖尿病,需要定期注射胰岛素。然而,海盗营地里的伙食非常简陋,侧面改善了他的饮食习惯,被绑架后竟然摆脱了糖尿病。这恐怕是这么多绑架事件中发生的唯一一件好事儿。

"你们的员工由谁管理?"我进一步询问道,"由一个人事部统一进行管理,还是分属几家?""一个人事部,在新加坡。他们从 8 点开始就不断打电话过来,想知道公司或者他们部门是否要与家属联系。我已经答应下午 4 点回复他们,让他们耐心等待。"克鲁格与人事经理佐默尔女士交换了一下眼神。从她恼怒的脸色可以看出,他们之间发生过激烈的争吵。不难想象,克鲁格与法律顾问、公关经理之间肯定也发生了争吵。董事似乎读懂了我的心思,开口说道:"施耐德先生,如您所见,我们坐在一起有一会儿了,讨论时发生了一些争执,想来您也能察觉。"

在场所有人的行为正是危机开始时的典型行为：对于事态没有清晰的认知。任何危机都是这样开始：混乱爆发后，天崩地裂，一切都失去控制，一个接一个的新问题冒出来，我们不得不打乱节奏，将应对危机放在首位。起初，我们根本不了解事态的全貌，像与影子战斗一样。对于这一时刻，本书分享的第一个技巧是：正确看待危机，采取结构清晰的战略性方法，否认危机和轻视危机的行为都会加剧事态恶化。

"我建议，我们首先应客观地了解完情况后，成立一个危机小组，再制定一个策略出来。当然，必要的话，策略可以随时调整。"这20分钟以来我一直在努力促成这些事，却徒劳无果，无奈我只能直截了当说出来。"绑架者还没有从营地传来消息吗？"我有些记不清了，想要再确认一下，毕竟这可不是我第一次在关键时刻忘记重要信息。"没有，"法律顾问声音嘶哑地说道，"有的话我们会告诉您。听着，我们不是不想付赎金，但是漫天要价我们不可能接受。""一条人命对你来说值多少钱？"人事经理语气间满是嘲讽。

公关经理一脸焦急，开口警告道："最重要的是，这个事不能让公众知道，否则我们多了软肋，轻易就会被威胁勒索。""是您容易被威胁勒索，不是我们。"我出言反对，"还是您根本不想付赎金救人？"

"付不付赎金、付多少赎金，都取决于我们公司的能力。"董事解释道。他不愧是一名企业家，任何情况下都在考虑如何节省成本。我回应道："这些是我们的人，我们应该对他们负责任。"

"您真是高风亮节，但是恕我直言，我们或许应该了解一下这种案件的谈判尺度。"法律顾问疑惑地看向我。"这取决于实际情况，也取决于谈判技巧。"我回答道，"这其中有很大的回旋余地。"

法律顾问眯着眼看了我一会儿，说道："另一家兄弟公司跟我们分享了一个案例，据说您把赎金砍了几百万美元？"

我点点头，心里有些明白了。他希望能在公司内部解决这个案子，我的存在让他觉得自己失职了。我早该发现他对我处处针锋相对的原因，这是行动成功的关键。只要他把我的咨询工作视作干扰，我就无法真正为公司提供援助。

他追问："具体金额是多少？我们还得考虑合同违约的索赔。这个案子已经耽误了计划，我们还不确定能不能在哈科特港的石油码头停靠。"

我摇了摇头，不肯轻易下定论。

"到底多少钱？"法律顾问摆出一副追根究底的架势。

"如果您能友好一点，我会告诉您。"

这个回答彻底惹怒了法律顾问，他攻击道："施耐德先生，我就开门见山有话直说了，希望您别介意。我在谷歌上搜索过您，焦点杂志里不是已经刊登了您的历险记吗？恕我直言，所有人都知道您有几斤几两。"他接着说："和这里的同事不同，我在前公司经历过类似的事情，所以有些经验。当时也请了美国的顾问，如果没请，也许更好。"

"你说这些话是什么意思？"克鲁格的声音严厉起来，像是在维护我的行为，"那次事件爆发了激烈冲突，更别说对公司造成了巨大损害。"

意料之中，美国的顾问喜欢强硬出击，他们称之为扳机快乐，意思是追求扣动扳机那一瞬间的快乐。类似法律顾问的这种误解往往是文化差异产生的冲突，或仅仅是沟通之间出现了分歧。意料之外的是，詹森明明经历过绑架事件，竟然反对购买保险。难道是公司亏损，经济上出了问题？如果不幸被我言中的话，这次的劫持事件无疑是雪上加霜。

"我的意思是，"法律顾问回答道，"我们并不需要英雄从战斗机上跳下来营救，也不需要勇士登船援助，而是……"

董事抬手制止后，法律顾问立刻闭上嘴。佐默尔夫人在一旁饶有兴趣地盯着我。

"运输机。"我接过话。

他们一时不理解我在说什么，纷纷疑惑地看过来。

"伞兵是从运输机里跳下来的，不是战斗机。"

奥尔森不禁笑了一下，又立刻绷起脸："是我选择找您帮忙的。前段时间您为一家航运公司工作，那家正好是我们熟识的兄弟公司，他们的散货船受到袭击，与我们情况相似，但是我们没有买保险，现在看来真是十分愚蠢。"董事有意无意看了一眼詹森，詹森却装傻充愣，不予理会。首席安全官像是抓住了什么把柄，顿时精神起来，先是强调一遍没买保险的错误，又把法律顾问当初强烈反对购买赎金保险的样子学了个十足："我们的船只在安全水域上按照固定航线行驶，根本不需要这种东西。"

这番模仿令法律顾问詹森的脸涨得通红。这不奇怪，那些所谓的安全水域早已不再安全。"各位，现在说这些没有意义！"奥尔森扯着嗓子喊道，试图将大家的注意力扯回正题，"与我们情况相似的一个案件中，施耐德先生用赎金成功解救出所有被困尼日尔三角洲的人质。""这不是我一个人的功劳。"我纠正道，"我的身后有一个强大的团队。"

"您可真是无私。"法律顾问挖苦着，再一次绕起圈子，拖延耍浑不肯谈正事。我渐渐感到不耐，这不是我第一次被推上风口浪尖，危机一爆发，总是有部分人不愿承认自己能力有限，将援助者视为眼中钉。

奥尔森再一次站出来替我说话："我们必须保持冷静！公司目前的情况十分糟糕，你们内心不安，我可以理解。我们没有事先做好应对准备，没有追加安全防护措施，确实有一定过失。但是，现在绝不是讨论这个问题的时候，也不是找人担责的时候。此刻我们该做的是抓紧一双援手逃出糟糕的境地，我相信，这双手的主人正是施耐德先生。"

我喜欢这种强大的领导力，奥尔森能够做决断，这点十分关键。时间紧迫，每过去一小时，人质的生命就会遭受更大的威胁，前提是他们都还活着。解救工作任重道远，无谓的争执总会发生。首先，必须找到适应危机的方法。每个人都有自己的节奏，有人快，有人慢，有人则沉浸在美好过往中不愿醒来，佐默尔女士就是典型："那天我才和队长通过电话，两周前他成为父亲，我还恭喜他来着……"

这时传出了敲门声，不等奥尔森应答，一名员工就开门进来，俯在奥尔森耳边悄声说了几句。奥尔森对她道谢后，向我们转达道："联邦海事警察15分钟后到达。""我们利用这个时间列一个待办事项吧？"我向在场众人询问道。

"开始吧。"奥尔森表示同意，已然加入我的阵营，其他人仍旧犹豫不决。"我们从何得知人质的情况？"人事经理问道。"人质的具体位置究竟在哪儿？"首席安全官补充道。

"首先，我们建立一个危机小组，尽快掌握信息和通信主权，获取现场情况图。其次，在此基础上，确立团队目标，制定谈判策略和行动方案。"我换了套说辞再次尝试，军队这种简明扼要的讲话方式往往十分有效。

"现在最重要的事情，"法律顾问最后说了一句，"是我们如何与绑架船员的人联系。"

"这件事根本不需要担心，"我说，"他们会自己找上门来。"

摇摇欲坠
2

风险因素

如果从未有过手提包被偷的经历,人们就不会有注意包袋安全的观念。一旦成为偷包事件的受害者或是见证者,往后一定会特别注意包袋的安全。可见,误判甚至无视从未发生过的新情况是人之常情。我们需要经验和一定的觉悟,才能理清事物。理想情况下,通过味觉、嗅觉、视觉、听觉、触觉或超感官知觉(第六感)察觉到某种情况后,我们会形成一种新的认知,同时意识到情况的严重性或特殊性。最近,德国温度超过42摄氏度,人们才发觉气候的变化,在不久之前这还是难以想象的事。

部分人察觉到了某些迹象,出言警告却遭到无视,甚至被冠上恐吓者、悲观主义者、安全狂热分子、控制狂、末日预言家等名号并被嘲笑。大部分人生怕被他们破坏了美好心情。而认真对待危险因素往往意味着一件事:花钱。将风险扼杀在萌芽状态,采取措施避免危机的发生,从来都不是免费的。说回这家航运公司,他们想省下的这部分钱叫作赎金保险,其中包括风险预防和危机管理。

心中满含对上帝的信仰,驾驶着轮船远航,周围皆是友善的同事,自然欢喜舒心。不时有人劝告我,不要一心盯着风险,只会适得其反,甚至招致厄运。

我不相信这种无端的猜测。位置和地点是决定性因素。身处施瓦本山区的一个小村庄里,也许可以心安理得地不锁前门过夜,但是在大部分地区,这种做法绝不可取。

若确定了风险,却不愿做出应对和沟通,那么危机管理将一塌糊涂。反之,谨慎行事不但可以避免危机,而且最终还能省下数目可观的钱财。危机往往令人付出沉重代价,耗费钱财、损毁声誉,甚至夺人性命。每一个危机的波及者无不承受着巨大的压力,而治愈伤口往往需要相当长的时间。

更为费解的是,人们总是固执地否认和掩盖一场危机的到来:"不,哪有那么糟。""只是一些小矛盾。""会好起来的。""这没什么。""这只是胡思乱想。""没必要杞人忧天。"

你可以一味地逃避,长此以往,终有一天该担忧的是已经在天堂的自己。此时此刻,你恐怕无法相信我说的这些,但是不幸常常应验。有时,我们无法想象某些场景,是因为它与我们的价值观相悖,或是我们高估了自己的把控能力。

人们倾向于忽略令人难受、使人痛苦、不在计划内或与世界观不符的事物。在特种部队的行动中,这种行为足以致命。因此,风险评估于我而言就是一种生命保障。公司将员工派往高风险地区时，常向我寻求安全方面的建议，以保证员工安全。如果公司将员工派往巴基斯坦，却好像派往地区是巴登州似的，对安全风险视而不见，那么发生紧急事件也不足为奇。但是，许多公司却大感震惊，像从天堂掉落地狱一般，只是反复地追问着：这怎么可能呢？

员工培训可以将风险降至最低，甚至规避紧急事件的发生，如：注意事项学习、危机意识培养、危险情况训练，以及未知情况下的应对模式和解决方案。一些公司选择线上培训课程，虽说效率极低，但是合乎规定。因此，这些公司认为，一旦出事，参考文稿就已经足够，毕竟课程声称，一切复杂情况均包含在内。

"你为什么没有为员工做足准备？"危机发生后我问道。

他们的回答常常是："我们在巴基斯坦工作了20年，从未遇到问题。"

把惯例当成定律，这种想法十分危险。如果不对惯例追根究底，无数的危险就能乘虚而入，并深深隐藏在名为贪图舒适和缺乏意识的土壤之下。

"目前为止，一切安好。"这句话听来像是保证，实是运气。我们不能依靠运气，只能依靠防护背心、装甲坦克、保险和特种部队指挥原则。

危机的隐蔽性

- 危机不是从天而降,而是潜伏已久。
- 教条和固执的行为模式将催化危机。
- 风险识别是危机管理的前提。
- 危机爆发伊始,混乱不可避免。
- 永远不要忘记:第一步直接决定危机的发展及走向。
- 混淆视听和蜻蜓点水只会加剧危机。
- 所有参与者首先必须找到适合自己的方式进入危机、融入危机。

摇摇欲坠
2

意志战胜一切

整整40个小时,我几乎滴水未进,心里却万分畅快。我和队友趁着守卫暂停巡逻的间隙,成功从战俘营逃了出来。那天晚上,我们越过营地最后一道栅栏时,暴雨骤降。栅栏约有两米半高,顶部卷着三层带刺铁丝网。朝顶部扔了一块破旧的篷布后,我爬上栅栏顶部,利用身体重量将铁丝压平;随后起身跨坐在栅栏上,接过同伴递来的简易背包扔向安全一侧;再把同伴拉上来,喊道:"跳!"落到栅栏外,我侧耳细听一会,看门犬没有狂吠。大雨倾盆,狗都待在窝里,雨水噼啪作响,掩盖了我们落地的响动。于是我们转身迅速逃离,快点,再快一点,越远越好。但是这些必须在能力范围内,千万不能将体力消耗尽,路还长。

雨水凝成了冰。不知是出于紧张还是寒冷,我浑身发抖。这只是小事,眼下我们并没有完全脱离危险。每隔30秒,探照灯就会扫过,我们必须立马匍匐在地,盖上篷布。这块篷布是我们前一天设法藏起来的,一部分用来阻隔栅栏的尖刺及躲避探照灯，另一部分被编织成了松垮的简易背包、夹克和手套，看起来破旧肮脏。我们根本不在意，寒风凛冽、刺骨，没有这一层庇护，身着短袖绝不可能逃出生天。

我们全力奔跑着，距离避开上一次的探照灯，已经过去了2分钟还是3分钟？或是5分钟？我彻底失去了时间感，周围的一切仿佛不断凝滞，又倏然掠过。突然，警报声大作，探照灯亮起白色强光，一下将我扯回现实，可能要被发现！灯光在身后半米处停下，我心里顿感轻松，一瞬间又紧张起来，半米的距离太小了。队友与我交换一下眼神，他的眼睛被白光照得十分明亮。看门犬狂吠不止。

"该死！"他咒骂一声。

"没想到他们这么快就注意到了。"我压低声音。

"该死，是那些狗！"他笃定。

我们撒开腿，尽全力朝自己队伍的方向跑。我用磁性刀片做了一个临时指南针。将磁铁以南北方向嵌入剃须刀片中，再藏在木销里避开守卫的侦查。不论是展开行动，还是身陷囹圄，我们都是一个超级团队，但是必须回到北方部队中去。

跑进树林，地面盘根交错，崎岖不平，我们不得不放慢速度，匆匆忙忙，跌跌撞撞。远处，狗叫声此起彼伏，但它们只是被守卫召集起来，还未追近。夜色浓郁，我们一同把握好呼吸的节奏，全然不顾此刻的饥饿、肮脏、寒冷，全速向前跑去。在寒冷彻底侵袭四肢前，我们没有停下来检查方向，也没有任何言语交谈，因为一切行动早已了然于心。

狗叫声渐渐逼近，变得清晰响亮。为了隐藏踪迹，我们只有两个选择：下水或深入灌木丛。此刻寒冷刺骨，再考虑到腿部痉挛的肌肉，下水不是最好的选择。事实上，我们别无选择，只有靠不可磨灭的意志才能渡过难关，在生命面前，所有东西都是那么不值一提。我必须调动全身的力量，幸运的是，一条溪流出现在眼前。仅仅在水里冲刷几下身体起不到作用，看守犬和它们的主人并不傻。我们逆流前行了几千米。我的脚、小腿，甚至大腿都浸没在冰凉彻骨的溪水里，仿佛在叫嚣着逃离我的身体。再往前，溪水浅了一些，只没过膝盖，我不禁松一口气。突然，队友滑了一跤跌入水中，他拼命挣扎，尝试抓着湿透的衣服直起身来，却又不慎滑了下去。

"妈的！妈的！妈的！"他喘着粗气。

随后，他朝我摇了摇头，表示没有受伤。我们之间默契十足，我可以百分之百信任队友，他也如此。普通人之间不可能有这种关系，人们或许会为朋友脱下最后一件衬衫，却不会放弃自己的生命。队友不是最好的朋友，而是攀登时悬在一条绳上的同伴，面对脚下无边的深渊，相互依靠，彼此保障。有些人对这种队友关系不太熟悉，可能会曲解成旧时浪漫主义者的圈子，或是右翼组织。正解是在面对极端情况或挑战下，队友能够忍受困苦，从不抱怨，朝着同一个目标前进。此后，大伙各奔前程，这种关系就会慢慢淡化，最终只剩下回忆。祖父和战友见面回忆往事，小时候的我常常听得入神。但是有一天，我还是忍不住问爷爷，为什么总是不厌其烦地反复念叨。

"爷爷，这样不是很无趣吗？"

"这些事，一辈子都不会忘记。"

往前走了约 4 千米，溪水慢慢涨上来，我们离开河道。能在水里多待一会儿自然是好，但是我们抖得厉害，无法在水里行走。此刻最要紧的是晾干衣服，可是，生火恐怕会引来危险，我们只能继续前进。体温将衣服烘得半干，但这绝不预示着可以停下休息，我们深知体温过低会发生什么，必须继续前进。狗叫声渐渐平息，我们仿佛有了新的动力。走了大约 15 千米后，我们终于筋疲力尽，不得不停下休息。整整 40 个小时，我们没有坐下过，睡觉更是两天以前的事。审讯之中几乎没有放松的时刻，我们一次又一次被粗暴地从地上拽起，带入审讯室。这期间我们滴水未进。眼下急需进食，但是身上没有任何食物，我也未感到饥饿。我们只能冒险休息片刻，毕竟衣服仍旧是湿的。

我们在森林边缘的隐蔽处奔跑着，不久，出现了一丝光亮。步兵基础训练时，参谋副官常说："森林边缘布满了动物粪便。"我们已经尽力避开，却还是不免沾染些许。夜色浓郁，经过探察，发现不远处的农场里有一个谷仓，周围没有看门狗的声响。要过去吗？如果走过去，所有都是未知数。一旦被农场主发现，再出卖给敌人，我们想必凶多吉少。管他的！我们铁了心不再回头，慢慢朝着农场靠近。一人观察四周，一人摸索向前，我们之间始终保持几米的距离，以便能够及时告知突发状况，确认安全后，再继续前进。谷仓的大门只用一个螺栓锁着，我们小心翼翼地打开，观望四周，谷仓被打扫得十分干净，一缕多余的稻草也没有。我们只得爬向角落，脱下靴子，铺上防水布，两人紧靠着交换体温，瞬间晕睡了过去。

突然惊醒，有声音！睡了多久？外面好大的声响！心脏几乎要跳出来，胸腔里已经压缩得吸不进任何空气。我们呼吸急促，脉搏剧烈，感受着逼近的狗叫声和搜寻命令。

"真是糟糕透顶！"队友突然变得文采飞扬，我则更胜一筹："此刻我们行走在刀山火海！"

就在这时，谷仓的大门被破开。一大片光倾泻进来，刺得我们睁不开眼，只是模模糊糊勾勒出四个人和两条狗的轮廓，是两只比利时牧羊犬在龇牙咧嘴。这一瞬间，我陷入了无尽的绝望，逃犯能有什么好果子吃？当看清守卫的制服时，我最后一丝仅存的希望彻底破灭，不是联邦国防军。他们中一人说了一句，仿佛死神的召唤："游戏结束，先生们。"

我们被绑起来，蒙住眼睛，扔在卡车后面。道路十分泥泞，路面坑坑洼洼，卡车带着我们猛烈地颠簸，冰冷的雨水拍打在身上。我的大脑飞速运转，寻找着逃跑的可能。第二次世界大战期间，我的祖父曾有过相似经历，他与战友们在莫斯科边境被俘，同样被扔在卡车后面。他很清楚，此刻若是不逃跑，就再也没有回国的机会了。如何逃脱？他思忖着逃跑成功的概率：

他与战友六人，手脚不受束缚。作为一名中士，他的靴筒里还配着一把刀。六名同志做了一番眼神交流，一齐击倒了两名警卫，再从卡车上跳下，成功逃脱。若非如此，我不可能来到这个世界。祖父这段成功的经历令我沉浸其中，可现实是：我和队友没有刀，我们的双手被缚住，眼睛也被蒙上，没有任何交流的可能性。情况已经不能更糟了。

我已经不记得车开了多久，十分钟？还是半小时？突然，卡车似乎停在一片空地上，传来卡车尾板的开关声。紧接着，我被人抛到地面上，又被迅速拖起站直，再被推搡着往前走。我隐约感知到面前是一栋建筑，有人按住我的头，似乎在通过低矮的门洞。

"脱下衣服。"

蒙住的眼睛依然得不到解放，我开始脱衣服，周遭的寒冷立即侵袭全身，令身体止不住颤抖起来。衬衫从头上脱出时，眼罩不慎滑落，我才得以看到四周全貌。房间约12平方米，脏乱不堪，不少人倚在墙上，部分赤身裸体，部分身着陋衣，他们是战友吗？很快，我的处境也艰难起来，守卫给我重新戴上眼罩，再加了一副耳罩，再将我捆好。一时间，我被剥夺了所有感官，什么也看不见，什么也听不见。我不知身在何处，不知队友处境如何，不知将要面对何事，只剩下深深的无力感。但是！意志战胜一切，此刻必须咬紧牙关，坚韧不拔，绝不给敌人透露一丁点儿信息，抵抗到底！千万别惹我，要是惹毛了我，只会两败俱伤，混蛋们！

意志战胜一切，我反复回想着特种部队这句格言，振作自己。渐渐地，我有些累了，但是，守卫不允许我坐下，只要膝关节稍有弯曲，他们就狠狠推我一把，我就这么站着陷入了昏迷。突然，我被粗暴地拖出来，蒙着眼睛拖进另一个房间，按坐在椅子上。

"只要你跟我们合作，就一定不会后悔。"传来一个声音，操着蹩脚的德语，伪装出友好的语气。

"施耐德，中尉。"我回答，念出我的军队编号。

"我很高兴，你恢复理智了。"这个声音说。

"施耐德，中尉。"我回答，念出我的军队编号。

"你们其余部队在哪里？士兵在哪里？"

"施耐德，中尉。"我始终只有这一句。

"如果你乖乖配合我们，就能得到一杯咖啡，换上干净的衣服，躺在柔软的床上睡一觉，这难道不正是你想要的吗？"

这次，我只念了自己的军队编号。椅子被瞬间从我脚下扯出，毫无预兆，我砰的一声倒地。一双粗手把我拽起摁在墙上。

"我最后再问一遍。"这个声音说，竭力维持的友善中闪着刀锋。

"施耐德，中尉。"我强迫自己完全停止内心活动，专注于牢不可破的精神核心，这样一来，不论发生何事，我都不再感到疼痛，只有满满的安全感。没有什么比精神力更强，意志战胜一切。去他的，这一切！

接下来的36小时，是我人生中最难熬的时光。这群混蛋强迫我保持一个难受的姿势。我被迫用手撑着冰冷的水泥墙站着，双腿张开，背部挺直，下颌抬起。一旦我试图放松，他们立马将我摆回原样。我的手最先承受不住，手指抽起筋来，扭曲成了爪状，他们立刻将其掰直，仿佛要掰断我的手指。很快，头也开始沉沉欲坠，疲惫得几乎无法抬起，但是下颌却不得不向高处延伸。紧接着，背部的疼痛侵袭而来，肌肉痉挛，拉扯着臀部和脊柱，整个身体不受控制地弯曲起来，却依然被人强迫着站直。不知过了几个小时，我再次被领进那个小房间，先前友善的问讯声渐渐变得冷酷，直至暴躁不耐。

"施耐德，中尉。"我只说一句。

其间，我被允许喝了一碗水，他们让我坐下，换了种姿势。这不是休息，而是另一种折磨。我坐在地上，背部直立，双腿伸长，双手举过头顶，一旦向前弯腰，立刻有人将我掰直。之前，站着是一种折磨，现在，坐骨神经疼得仿佛在号叫。总之，绝不让我快活。审讯过程从头至尾，我一个字都不肯多透露。一片漆黑中，我听见房间里充满了可怕的噪音——沙沙声、吱吱声，以及音量巨大的吵闹声。随后，我又被带进那个小房间。这一次，他们摘掉我的镣铐和眼罩。眼前是一个金发碧眼的女人，穿着不伦不类的军装，坐在破旧的办公桌前，旁边则坐着一个秃顶的高个儿。无论如何审问，我只提供四个关键信息：

施耐德、中尉、出生日期、军队编号。我的内心传来一句低声：我依然感觉足够强大。但是，我还能忍受多久？严格来说，折磨还没有真正开始。

高个儿离开了房间。"德国杂种！"金发女郎嘶吼道，"纳粹！"我没有理会。

突然，她撕开自己的上衣，纽扣霎时在房间里蹦跳，有一颗打在我的脸上。她宛如身体被针尖穿透，尖叫起来："救命！他要强奸我！救命！"

房间门被撞开，高个儿带着他的双胞胎兄弟冲了进来，两人手上提着厚重的木头。那个女人的上衣被撕成碎片，零星挂在身上，始终尖叫着。高个儿们咆哮如雷，震得我的耳膜直颤。其中一个人朝我脸上吐口水，然后两人开始疯狂用木头敲打桌子，直至砸成一堆废墟，接着再击打一个带抽屉的木箱，然后是两把椅子。所有家具都被砸得粉碎，碎片飞向房间各处。他们不断咆哮着，敲打着，像是两只原始动物。这样愚蠢的把戏，比女人的表演更加令我不安，他们的目的是让我慌乱。为了保住声誉，维护清白，此刻我必须说些什么。

"施耐德，中尉。"我说完，又报了一遍军队编号。也许是这一套不起作用，也许是好戏还未散场，我被带进了另一个房间。房间里摆着一张桌子，桌子上放着一个头骨和一根燃烧着的蜡烛。审讯员裹着黑色斗篷，好像照片里的死神。他说话轻柔，似是要将我催眠："你是哪个单位？你有什么任务？"

"施耐德，中尉。"我回答道。

我被带了回去，再次摆出难受的姿势。时间一分一秒地流逝，寒冷不断侵袭全身，渐渐地，我感觉身体到了极限。我不停扭动着手指，稍有不慎就可能粘在冰冷的混凝土上，又有守卫不断掰直我的脖子。已经过去了几个小时？7个小时？16个小时？还是28个小时？新奇的是，在如此别扭的姿势下，人依然可以浅睡。我想撒尿，便向守卫示意，其中一个守卫应声前来。他把我的手似祈祷状交错叠放，再竖起两根拇指。他牵引着拇指，像摆弄着操纵杆一样，引导我去厕所。在看守下撒尿也是全新的体验，我控制不住身体，脚边感受到一股暖流，这种感觉反倒不差，可惜之前喝下的水太少了，原本我还想继续撒一会儿。之后我回到原位坐下，改变原先难受的姿势，没想却一屁股坐到了坐骨神经，顿时脸上闪过一丝疼痛的表情。一个探究的眼神立刻投来：这是准备服软了吗？于是，又一次审讯开始："你是哪个单位？你有什么任务？"

"施耐德，中尉。"我机械地说完，就被押回原位。不知是否错觉，这次停留的时间非常短暂，我再次被带走审讯。然而，这一次，镣铐和眼罩都被摘下。我眨着眼睛，目光灼灼，面前站着一位中士，制服上写着英文：SAS。

"好的，"他说，"课程已经结束。"

"施耐德，中尉。"我说。

"不，这真的是课程。"

摇摇欲坠
2

"施耐德，中尉。"我平静地重复着。

"相信我，测试完成了！"当队友撞开大门，我才相信。"天哪，奥利！我们真的通过了！"

KSK特种部队的前指挥官说的没错，整个录取过程几乎是人们在德国所能遇见的最艰难的事情。KSK特种部队的招募程序中包含了英国特别空勤团（SAS）组织的生存课程。我必须通过这个测试，上述所有场景都属于战斗生存课程的一部分。SAS是一支具有传奇色彩的部队，他们有好几场实战的行动经验，有机会从部队成员那儿学到东西，是我的荣幸。我十分渴望成为KSK特种部队的一员，因此，我从未想过在任何一次测试中放弃，连可怕的地狱周也挺了过来。我很清楚，能够击溃我的绝不是意志，最多只是受伤，在我被送往医院躺下之前，我不会放弃，意志战胜一切。但是，在危机中也是如此吗？人们可以有任何想法，若环境不宜，再强烈的意愿都不会起作用。

不来梅这家航运公司有机会规避这场危机吗？剧情很有可能按照KSK特种部队招募程序的剧本发展。我们拭目以待。

绑架案剧本

犯罪分子出手前，会观察受害者，判断何时行动最为理想。同理，我们危机小组此刻应收集信息，确定对方身份及其组织，找出他们的特点及周围境况。这样一来，我们就可以在不威胁人质生命的前提下，尽可能以最小代价成为谈判中有利的一方。

即便犯罪分子以人质生命作为威胁，大多数情况下，他们对待人质也相对较好。因为，待遇相对较好的人质更容易看守，此处的"相对"需具体问题具体分析。

犯罪分子想要勒索尽可能多的钱财，公司或保险公司则希望尽可能少赔钱。第一轮谈判中，双方互相了解，互相试探孰强孰弱。正经谈判中得出的策略可以运用，其他不正经谈判中得出的策略，常常有危险，却仍然能被派上用场。绑架犯团伙具有极高的风险，成员不是正经商人，而是大大小小的刑事犯、杀人犯、强奸犯或小偷。他们胆大至极，常以粗暴的方式解决意见分歧，大概率酗酒或吸毒。绑架犯团伙的等级制度森严，以铁律维持，最底层的人负责看守人质。这是最危险的工作之一，他们对于绑架程序一无所知，只寄希望于领导所谓的"公平"分赃。最顶层的人通常是最活跃的犯罪分子之一，直接参与劫持人质的行动。可以说，他树立起一个典型的坏榜样。同时，他常常主导谈判，如果不会说英语或其他原因，他就指定一个信任的人作为代表，负责执行他的指示。

若团伙内部松散，个别绑架犯就有自己的想法，"出卖"部分人质，或随心所欲地伤害人质。这当然会造成某些后果，如损害团队的凝聚力等。若团体内部发生兵变，或另一团体为接管人质袭击营地，情况则进一步升级：有时绑架犯发言人或其他成员被杀，人质的关押地点可能成谜；有时人质被另一团体掳走，原先的绑架犯团伙的发言人可能对此闭口不谈，以假乱真套走赎金；有时看守试图自己与人质进行交易，等等。简而言之，我们不能相信任何东西。

危机！

具体来说，危机是一种突发情况，具有不确定性、不明确性、时间压力大和必须做决定的特征。应对危机的传统组织结构无法避免，或无法充分避免身体、声誉、环境或资产的损害。建立危机管理机构，则有机会扭转局面，甚至取得一个积极的结果。为此，我们需要一个危机领航员。

您的危机导引：第一步骤

- 收集信息，初步了解情况。
- 对信息来源保持质疑的态度。信息传递背后的动机是什么？
- 一条信息是否可信？
- 是否可以利用多个信息源？
- 注意区分谣言、设想与经过验证的信息。
- 您是否具备良好的组织纪律性？建立您自己的危机小组，提供支持与导引。

3 准备工作...

不来梅

10月23日下午3时15分

联邦海事警察德特勒夫·霍尔费尔德赶到了，他看起来颇有公务员的架势，脑海中闪过这个念头时，我不禁在心里苦笑起来，作为联邦国防军军官，我曾经也是一名公务员。德特勒夫·霍尔费尔德大约临近退休的年纪，身材矮小，体形圆润，头顶半秃。他令我联想到巴伐利亚演员沃尔特·塞德迈尔，与北欧大环境格格不入。他操着弗兰肯口音，发出的小舌音似乎在整个房间颤抖着。虽然我喜欢说高地德语，但是我们确实有共同之处。我出生在弗兰肯地区，自然知晓家乡的方言。与现场每人相互介绍且握手招呼后，霍尔费尔德转向我。

"进展如何？危机小组成立了吗？选出发言人了吗？"恐怕他对我的出身并不陌生，否则就不会用弗兰肯方言与我对话。方言让他看起来更亲切，化解了到场的紧张局面，这种降级策略引起了我的兴趣。

虽然希望有更多进展，但是我如实告知："我们仍处于开始阶段。"我们浪费了太多时间处理内部的矛盾，在危机初期，这

准备工作

是人之常情，当务之急是找准方向。

人类不是机器，无法做出绝对理性的应对。因此，我们需要成立一个危机小组，不同的成员负责管理和考虑不同的任务，最终以团队形式讨论出结果。危机处理小组有一个重要的功能，即控制功能，人们对压力的控制能力越强，感受到的伤害越低，就这点而言，危机处理小组提供了强有力的支持和保障。人们往往过多关注问题本身，而忽略了解决问题。例如，你开着车压到了一块突然出现的碎冰，车子打滑，正滑向一棵树。那么，你的注意力会集中在这棵树上，并竭力尝试着从左侧或右侧避开它，这种做法增加了撞树的风险。职业司机则会采取与警察一致的做法：将注意力集中在树木之间的空隙处，而不是路上的障碍物。同理，危机处理小组应集中注意力，全力寻找解决方案，且目标明确，绝不轻易改变。因此，我们的主要目标为所有人质毫发无损地返回。其他一切目标，如节省钱财，寻找船舶下落等，都属于次要目标。

个人遭遇危机时，制定目标也是一个明智之举。我们或从不同角度思考问题，或与不同背景经历的人讨论问题，这些无意间也形成了一个危机小组。另外，我们或许会假设某个经验丰富的人面对此事，思考他将如何行事。在这种情况下，我的祖父会怎么做？我的母亲会怎么做？我的队友会怎么做？不难想象，他们应该会说："该死。"这种做法适用于任何危机情境。

如我所言，首要且最重要的是制定一个明确的目标。例如，我想让配偶搬出公寓，还是想离婚？我想从目前这份工作中得到更多薪资，还是想换工作？这同样适用于职场中一些难度较大的交易谈判。谈判前，我们应反复追问自己，真的确定一个目标了吗？目标是尽可能获取优惠价格，还是寻求一段长期合作关系？或是两者都有？在危机时、在特殊情况下，我们必须将确定的目标内化于心，不断强化，并告诉自己：这就是我想做的！无谓路途坎坷、困难重重。

乍一看，制定目标十分简单。再细细考究一番，就会发现其中的难点。有相当一部分的目标是矛盾的，这导致目标不够明确，缺乏力度，大概率无法实现。目标绝不是面面俱到，而是有一个明确的重点，不应该有"然后……""但是也有可能……"这些说法。

我正要告诉霍尔费尔德更多案件细节时，董事奥尔森插进话来，显然对警察的到场感到十分高兴。他以为警察一来，万事大吉，这种错误的自我安慰很快被打破了。霍尔费尔德向他解释，警察只充当观察和建议的角色。这恰好印证了我曾说的话。

"什么？我们的员工被绑架，这是犯罪！"

"这当然是犯罪，奥尔森先生。"霍尔费尔德肯定道，"案件波及您的公司，属于德国公司，可是被绑架的人不是德国公民。情况属实的话，联邦刑事犯罪调查局会接手这个案子，而不是我们联邦海事警察。"

"如果按照你的意思，为什么第一时间赶到现场的是你们？"

准备工作
3

奥尔森第一次暴躁起来。

"我们帮助您获取现场信息,以便对情况有一个清晰的认知。同时,我们提供历年案件经验,供您参考。"

奥尔森瞪大眼睛看着他,说不出一句话。我有些拿捏不准,他是对霍尔费尔德所说的内容感到不解,还是对其表述方式十分不满。霍尔费尔德或许也是如此,于是再次表明立场,最后总结道:"主要是帮助你更容易做决定。"

"我不需要任何人让我更容易做决定!我本来就有足够的能力做出决定!我有400多名员工,30多艘船,每天都要做出很多决定。"

"这点我从不怀疑,奥尔森先生。"我与霍尔费尔德一样,顺着奥尔森的话。我不想挑起他的怒气,又陷入无休无止的争吵怪圈之中。我们还有成堆的工作未做,绑架者联系我们之前,至少应该把最基本的问题解决了。"不过,联邦海事警察的经验对我们很重要。"我转头向霍尔费尔德确认,"霍尔费尔德先生,未来几天或几周时间里,您应该可以提供顾问吧?"他点点头。

佐默尔夫人惊恐地叫出声:"几周时间?"霍尔费尔德接过我递来的话:"是的,佐默尔夫人。像这样的案子可能需要几周甚至几个月的时间。"我们两人开始行动配合。"必须要快。"奥尔森插进话,一脸的不悦,"必须尽快回归正轨!您到底能为我们做什么?"

"我会把所有与绑架犯及作案手法有关的信息回传至警署办公室,他们调出相似案例。这样我们就能知道这个团伙的犯罪前科、作案手法、人质藏匿地点,甚至团伙发言人的身份。"

"如果发现人质藏匿的地点,你们会向尼日利亚警方报告,请他们采取行动吗?"

霍尔费尔德摇摇头,说道:"我们不采取任何行动,我们只负责观察和陪同。"

"但是你们知道了人质的藏匿地点,总得做一些什么吧!如果你们不被授权行动,至少尼日利亚的警察或部队要有所行动。"

"我们当然对破案及逮捕罪犯感兴趣,但是我们只能协助。"

董事的脸涨得通红,血压在不断升高。每一次危机,都有一些关键点可以显现出事情的严重程度,这是其中一个。

"那谁去解救人质?"奥尔森逼问着。

"您准备答应绑架犯的赎金要求吗?"霍尔费尔德没有马上回答,而是反问道。显然,他是个老手,对危机新手的反应应对自如,我十分期待与他合作,但是,我们必须让董事和他的员工与我们达成一致。

"我们付不付钱,得看赎金高低。这又不是能用零花钱付的东西!"法律顾问愤慨地说。"是的,大概需要多少?"冯·斯腾伯格女士不确定地看着老板,询问道。不知是这笔款项需要动用管理层的资金,还是她作为危机小组的成员,知晓了新的

准备工作
3

保密计划？

"一开始，绑架犯可能会要求一笔数额很高的赎金。"我说。

"有多高？"法律顾问想知道。

"可能是几百个百万。"霍尔费尔德回答。

法律顾问低呼出声。

奥尔森已经镇定如初："这恐怕超出我们的承受范围。"

"我没听说有人付过那么多钱，"我说，"这只是开始谈判的价码。"

"我们怎么与绑架犯联系？"奥尔森问道，"他们会打电话过来吗？"

我点点头。"绑架犯只要到达藏匿地点，就会与我们联系，可能就在下一小时，也可能是明天或者下周。路途中如果遇见军事巡逻部队或敌对海盗集团，他们会交火。因此，转移人质是很危险的，实施绑架者的压力不亚于我们，他们不是轻松地坐在某个地方喝咖啡、吃蛋糕，尼日利亚警察和军队时时刻刻盯着他们的脑袋。但是，他们双方有可能串通一气，蛇鼠一窝，我们必须考虑这种可能性。另外，犯罪分子也必须成立组织。由于行动的保密性，需要更长时间，我们没有必要急于求成，只是必须认真做好准备。"我又一次苦口婆心地劝说着。每一次绑架，每一次危机，我都会以全新的姿态对待，绝不将过去大多数绑架事件的经历套用进来。这就是我坚持派人去买手机的原因，我们需要一个仅用于联系绑架犯的号码。

"那么对方怎么知道这个号码呢？"冯·斯腾伯格女士不解地问。

"他们可能先打电话给公司总部或新加坡办事处。理论上，他们可能打电话给任何地方。因此，所有工作人员都应该知道如何应对。"

冯·斯腾伯格女士的脸色有些发白："意思是我们必须把事件公开？意思是我们要通知所有工作人员？"

"没错。另外，需要安排一个人员专门负责保证手机的电量充足。"我补充了一件曾经因手机电量不足差点导致赎金交接失败的小案例。危机中，我们常常只看到案件主体，这十分危险，因为小事可能酝酿成大事，我们必须留心一切。

"我该怎么跟工作人员说？"冯·斯腾伯格女士忙着措辞。

"跟他们说，如果绑架者打来电话，告诉对方，自己不是主谈人，并转达正确的电话号码，就是我们必须尽快准备的这个号码，以及主谈人姓名。"

"还不快去！"奥尔森对着佐默尔女士大声说。她从座位上弹起来，带倒椅子，跑了出去。我希望她不会慌乱到亲自去买手机，而是懂得交代下属。如果没有进行过危机训练，人们可能大脑一片空白，做出一些怪事。因此，KSK特种部队专门设置特殊的心理和生理压力，针对这种情况进行反复训练，军队行话称为"操练"，目的是使应对行为成为惯性。只有通过这种公认的、教条的反复训练，才能形成条件反射，这是安全行动

准备工作
3

的前提。紧急情况下，可以节省宝贵的时间，使我们有效甚至高效地工作。

在场没有人把佐默尔女士带倒的椅子扶起，霍尔费尔德看不下去，好心地将其扶正。

奥尔森和他的法律顾问詹森耳语了一会儿。詹森问道：“其他还有什么方法？我们可以直接联系尼日利亚警方吗？”

"不行。"

"没有人可以阻止我们这样做！"詹森愤怒地说。

"这么做没有用，"我解释道，"警察和部队很有可能与绑架者是一伙的。一种可能是部分警官从犯罪计划开始就参与其中，另一种可能是绑架者在前往营地的路上被警察拦住，双方达成了赎金百分之十的分成协议。"

"真是难以置信！"冯·斯腾伯格女士大为震惊，"这个国家还有王法吗？"

"政府希望人质被安全释放，"霍尔费尔德语气肯定，"毕竟只有国家安全，才能吸引更多生意。"

"但是，存在有人企图搭便车的风险，"我补充，"比如另一个敌对的犯罪团伙半路劫持了人质，再转头勒索赎金，这种情况一再发生。"

"这总是比自己辛苦劫持人质更舒服、更安全。"霍尔费尔德漫不经心地说，"别人精心搭好巢，你一屁股坐了下去。"

"不，这还是抢劫。"佐默尔女士纠正道。她很快返回了房间，想必是把买手机这件事交代给了下属。这非常好。

詹森激动地跳起来："原来如此，这些绑架犯来绑架我们的人，而我们明明与他们没有任何瓜葛。"他攥紧拳头，说："他们根本不在乎别人的家庭和孩子，他们……"他在寻找着合适的措辞，"他们还是人吗？"

这一刻的爆发，我等待已久，且十分理解。尽管这些情绪的存在十分必要，然而我还是希望能尽快平复下来。詹森和其他人一直活在幸福世界里，今天早上，这个世界突然坍塌成一片废墟，确实应该好好地发泄一下。霍尔费尔德同情地点点头："更不幸的是，你们的员工现在沦为成商品，你们需要用钱来换取。"

"您干脆用'买'这个字好了！"詹森气得不轻，声音又高又急。奥尔森焦急地注视着他，却没有阻止，也许詹森算是他内心的传声筒。"我不太明白，为什么要接受这样的勒索，"他结结巴巴地继续，"那会直接……好像我们……我是说……我们不是……呃，我们不是……"

"不，您不是懦夫，也不是逃兵。"霍尔费尔德明确地表述着。

"如果我们现在一起寻找克服危机的方法，就不是逃避或屈服，眼下您应该避开的是旧习惯。"我补充了一句。

"我们若是把解救人质的事情掌握在自己手中呢？"奥尔森问，"我们能够自己组织一支武装力量营救人质吗？施耐德先生，您能做这个事吗？"

准备工作
3

"不能,我是一个顾问。"我回答,"我不招雇武装人员,我也非常不建议你们这么做。"

"但是您过去一定认识这么做过的人,对吧?"詹森问。

"什么过去?"霍尔费尔德追问道,"我错过什么了吗?"他微笑着,用目光询问着在场的人。一时间,所有人都陷入了沉默。于是,他开始宣扬联邦海事警察拥有丰富的经验和强力的关系,声称机构将通过联络员与尼日利亚军队和警察取得联系,但仅限于外交的渠道,最后说:"我们都希望在没有暴力的情况下解决冲突。"

"冲突?"奥尔森有些生气地揪出这个词,"你管这叫'冲突'?"

"绑架犯会被绳之以法。"霍尔费尔德说。

"前提是你得抓住他们。"

"尼日利亚的同事们没有那么糟糕。"

"是吗?我以为他们狼狈为奸,都是一伙的。"詹森反问回来。

"这种情况可能发生,我们必须考虑在内。"

"我们现在应该集中精力,计划下一步如何将人质毫发无损地带回。"我把现场的注意力拉回焦点,"绑架者一旦安全转移人质,就会与我们联系。我希望他们路途一切顺利。"

"什么意思?"佐默尔夫人愤愤不平,"难道你希望绑架案顺利进行?"

我把心路历程细细解释出来:"如果尼日利亚警察或军队不发动突然袭击,人质在营地里暂时是安全的。否则可能发生枪战,绑架者会带着人质逃跑,必须不惜一切代价避免这种情况。另外,绑架途中有几站路程十分危险,若有海盗攻击和袭击船只,可能会出现伤亡,所有人都高度紧张,肾上腺素飙升,巨大的不确定性令海盗袭击成为惊心动魄的时刻之一。"

"你似乎特别了解这方面。"法律顾问插进话,恐怕他不可能站在我这边,他就是单纯不喜欢我。霍尔费尔德听了我一席话后点点头。于是我继续说:"我们必须假设,对方是处事圆滑的高手,同时严重情绪化,如此态势发展下去,营地很有可能发生冲突。前往藏匿点和救援行动都存在人员伤亡的风险,最后只剩下支付赎金这条路。"

"你的意思是,没有其他办法,只有这一个办法救援人质?"

"我不知道你是否真心想救出人质,"霍尔费尔德严肃地回答道,"但这是最好的办法。"

"这是敲诈。"奥尔森大喊着。

"没错。"我肯定地说,希望奥尔森能够听取我们的建议,不要重蹈当时斯特凡诺维奇上校的覆辙。一心追求正义,迎来的可能是死亡。

准备工作 3

车 队

  我被分配在科索沃,担任 KSK 特种部队小组长。作为北约驻科索沃的维和部队,我们需要让两方尽可能保持距离,核实两方是否遵守停战协议。我们对阿尔巴尼亚和塞尔维亚的营地进行侦察,以防双方发生冲突,互相射击和屠杀。为了完成任务,我们在战火中穿梭,在阿尔巴尼亚和塞尔维亚的两位指挥官所在地之间来回奔走。总的来说,大部分部队遵守了停战协议,但在连一级的小范围内,当地的指挥官根本不关心中央部署了什么战略决策,利用一切机会打击敌人。结果,小规模的冲突一次次爆发,不断造成人员伤亡。

  塞尔维亚军队即将沿着商定路线撤出科索沃。在官方层面上,战争已经结束;但在非官方层面上,许多人并不接受。尤其是阿尔巴尼亚方面,许多不法分子在战争期间发展壮大为军阀,而塞尔维亚方面,正规军遵守停战协议,自称切特尼克的塞族非正规军却没有这个打算。阿尔巴尼亚军阀和切特尼克发生冲突时,往往拼得你死我活才肯罢休,双方都失去了信心。

一旦他们开枪，我们就会开枪，理想情况是比他们先开枪。几乎每一天都能遇见受害者，大部分是战场上的士兵，还有平民百姓。因为停战协议被破坏，他们甚至失去了生命。我永远不会忘记那一次解救未成年女孩的行动失败经历。她们被关在房子里，被迫成为性奴隶。我们晚了一天，眼前花园里的景象让人震惊得说不出一句话：女孩们的尸体潦草地埋在土里，曾经长满南瓜和莴苣头的地方，如今冒出了数不清的头发和手，可怕至极。不仅如此，整个园子都弥漫着腐尸的味道，大大小小的沟渠里都藏着尸体，被水泡得肿胀起来，又在夏季高温下渐渐腐烂。有一次，我们在一口井里发现了一家五口的尸体，父亲、母亲和三个孩子。于是我们通知单位，并给出坐标，希望单位能将尸体捞出埋葬。阿尔巴尼亚军阀和切特尼克将恨意疯狂地报复在对方平民百姓的身上，儿童和妇女也不肯放过，以灭绝人性的方式将其杀害。他们甚至把婴儿钉在墙上。在他们眼里，婴儿仿佛不可小觑，都是成长中的敌人。

经过一整天的长途跋涉，傍晚时分，我们驱车进入塞尔维亚总部。因为我们注意到，塞尔维亚后勤部队第二天的行军路线非常接近阿尔巴尼亚民兵，所以我们赶来提出建议，希望他们采用另外一条路线。

指挥官斯特凡诺维奇上校却坚持原定路线不变。

"但是你要开车经过这个村庄，"我一边说着，一边将手指指向桌子上摊开的地图，"这个地区，尤其是这个村庄，里面全

准备工作
3

是阿尔巴尼亚民兵,我们今天看到了。"

"那又怎么样。"上校语气里满是不屑。

"他们可能向你开火。"我说。

"他们为什么要这么做?停战协议已经签了。"斯特凡诺维奇上校对我说着,似乎对停战协议的有效性深信不疑。

在某些地区,停战协议毫无价值,我没有点破这一点,他自己应该清楚。心里又急又气,但这是他的部队、他的性命、他的风险,我不得不软下语气,最后劝说一次。我试图让他理解替换的路线,列出其中的优势,再给出能够保证士兵安全这个最重要的理由。但是,我刚说三个字,斯特凡诺维奇上校就开始摇头,一副不感兴趣的模样,他想坚持原定路线,能够节省五个半小时的时间。事实证明,这个想法得不偿失。

塞尔维亚后勤车队在第二天早上七点出发。中午时分,我们在巡逻时看到村子附近冒出了一股股烟雾。我们小心翼翼地靠近。车子中倒着几十个死去的士兵,其中一些死状十分惨烈。车子周围也散落着尸体,甚至还有零星的身体部位。由于斯特凡诺维奇上校固执己见,他的手下在这次伏击中全军覆没,而他自己则在总部的安全环境中活了下来。可以说,他是一个糟糕的危机处理者。

行动危机

每一场战争都是危机，有些危机则被人们当作战争对待。这种危机一般是指个人在物质、心理、身体层面的生存受到威胁的情况，如身患癌症。毕竟战争和危机这两个词都是由五个德语字母组成，除此之外，两者还有许多相似之处。"危机"一词常常被人们挂在嘴边，政府危机、气候危机、金融危机、生活危机、婚姻危机、生存危机、中年危机等，可它总是与我们经营美好的生活格格不入，在讲求效益的社会里没有危机的容身之处，因为危机影响了工作效率。此外，危机往往被视作个人的失败。

身陷危机的人会被各种情绪包裹其中，从恐惧到自信、仇恨、不甘、愤怒、绝望，拥有全方位的体验。每一次行动都是危机的结果，且可能发展成为更大的危机，因此行动中的KSK特种部队士兵不能被个人情绪所控制。士兵也是人，可能犯下个人的错误，会危及他们的生命还有他们队友，甚至无辜平民的生命。本书中的人质、人质的亲属、所属的不来梅航运公司

准备工作

正经历着一场极端严重的危机。

身为前 KSK 特种部队士兵，现风险、危机和灾难管理者，我多次部署行动，制定了成功的危机应对策略。策略将军事战术和心理沟通的优势相结合，轮廓清晰，思路明确。如此，危机中的人不会一直抱着受害者心理，而是迅速恢复，同时可以积极行动并应对危机，学会避开可能使危机恶化的陷阱。有些人将危机晾在一边不理会，认为一切就能慢慢好起来。这种想法从来没有真正成功过，等待只会种下更深的灾难。有些人则希望尽快结束危机，这种想法可以理解，却可能使情况变得更糟。每个危机都标注好了时间，承认和接受危机是成功克服危机的第一步。以不来梅航运公司为例，我解释过，所有危机事件中都需要一个紧急出口以获得自由。为什么？因为常规出口行不通，危机发生后，一切都变得反常，所以危机时我们必须以非传统的方式思考和行动。

引爆教条主义

危机是一种紧急状态，我们将采取非常规的行动，同时必须以非常规的方式思考。我们捍卫的每一个信条，我们坚持的每一种观点，都可能使危机走向灾难。

但是，我们常常死守教条主义而不自知，因此必须加倍留心注意。不愿支付赎金就是一种信条，"妇女不能当牧师"或"香烟不带滤嘴味道更佳"，都属于信条。每个人都有自己的信条，但是一个人对信条的忠实程度多高？抛弃信条的那一刻，是否感觉人身受到攻击？是否把自信与信条画上了等号？我们都不得而知，尤其是当一位领导者放弃他的信条时，他还剩下多少的领导力？

斯特凡诺维奇上校的军衔高于我，恐怕也是他拒绝提议的部分原因。那些失去亲人的士兵家属必定痛苦万分，这些应征入伍的年轻人几乎都不到30岁。危机中，通常的程序和手续是无效的，也就是说，绑架案件里不存在正确的赎金交接流程。

准备工作
3

危机处理要求灵活性和创造性,不能僵化不变。

在任何危机中,死守信条就是定罪论:我们彼此做过忠实对方的承诺,现在你背叛了我,不需要沟通,只需要引用宪法条例,证明你的犯罪行为不可饶恕。

例如,你们家庭有这样一条规矩:打扫完房间才能去度假。但是,你没有选择和父母出去玩,而是待在家里与自己的小伙伴们在一起,也不失为一个好策略。

放弃信条不是软弱的表现,而是勇气的象征。我们需要这种勇气,才能不被危机打倒。

其实,在一切发生前,信条已经不知不觉缩小了关注危机的可能性。奥尔森是一个成功的商人,他误以为,只要经营方式严谨可靠,船只被劫持的事件就不会发生。法律顾问詹森的信条可能是这番说辞:"目前为止一切顺利,因此将来一定顺利。"

承认仅凭自己的能力不足以解决问题,积极与外界沟通,也需要勇气。一个人能够这么做,并不意味着向对手暴露自己的软肋,相反,这恰恰证明了他的强大,因为他可以承担起责任。在我看来,这种品质越来越难得。现在,只要发生了什么事,所有渠道都回应:正在寻找责任人。这句话毫无意义,因为大多不了了之,公众也会将这件事彻底遗忘,只有极小一部分人承担了责任。政治家的惯用语是"我愿意承担政治责任",那么真出了事,他有为此丢掉后半生的养老金吗?有为此支付赔偿金吗？有为此承担法律责任吗？都没有。只是陈词滥调，空谈罢了。

那么谁去关心那些支离破碎的人们呢？究竟谁该为此负责？他们可能还在寻找。甚至，有些人周一不小心漏出口风承认了错误，周二却矢口否认："我不是那个意思。"

"但是你说过……"

"我确实说过，但是你们曲解了我的意思。"

然后放出一个接着一个的烟幕弹，再也没有人能够看穿。如果我们在危机中放出烟幕弹，自己可能会陷入迷雾中，找不到出路。

危机中，我们必须做出许多决定。有些决定无足轻重，有些则关系重大。如果因此而畏首畏尾，不敢做出决定，危机就会演变成一场灾难。有时，危机过程中才发现，原先指定的危机管理人不合适，却碍于"需要耐心"或"每个人都应该有第二次机会"的信条坚持不换人。这是错误的观念，是不成功的危机管理。

如何避免这些错误？其实并不难，只需要反复提醒自己目标是什么。如此一来，拥有发言权的不再是信条，而是目标。个人行为不再受制于信条，而是目标。同时，做的决定不会被情绪、固执、渴望得到认可或其他人类的心理所控制。简而言之，我们必须学会区分立场和目标。如果只顾捍卫自己的立场，就会故步自封，视野狭小；如果一心想着证明自己的身份和权

准备工作
3

力,那仅仅是为自己的信条而战。反之,将不同利益捆绑起来,为一个共同目标斗争能够得到另一种结果。需求、欲望和利益越是一致,目标就越具体、越核心,为此立场可以改变。同时,我们需要的绝不是一个随意的目标,而是细细思索、再三考虑后得出的战略目标,为此中期目标可以改变。此时若出现一个强硬的立场激烈反抗,导致目标变化,人们可能在危机中失去方向,可在心里生成一个指南针,把北方作为人们解决问题的方向。这就是应对危机的秘诀。

如果一个人在某个职位数十年之久,那么他在危急关头也几乎不可能下位,毕竟这么做等于变相承认自己的错误。给予选择相对更容易,也就是说,当我们要求或希望某人改变态度时,最好是给他一个选择。不少人误以为拥有强大人格的表现是永远坚定自己的想法,这在本质上是不正确的。拥有强大人格的人永远是根据情况随时调整行动的。核心价值观不能说变就变,但是通往目标的道路是可以改变的。将注意力从改变立场、改变态度转移到如何选择上,人们通常感觉更好。因此,我们不必放弃任何东西,只需在不同的可能性之间做出决定。同时我们应该开诚布公,抛弃先入为主的立场。

人们喜欢有选择的感觉,而且总是有办法做出一种选择。投票者总认为自己投出的是理性的一票,实际上大多数人的投票避免不了感性的因素。

一般来说,经验和认知决定人的行为。由于对危机缺乏认知，将风险和危机摆在台面上的行为，在人际交往、组织上和社会上经常遭到排斥，这助长了危机的产生。我始终坚信，无论是对个人还是群体而言，教条主义，面对困难决定的怯懦，沟通不明确以及利益分歧，始终是催生危机的根源。

若某种立场根深蒂固，这种特殊情况下，思考两个问题有一定的帮助：第一，十年后这个事件的意义是什么？第二，如果坚守立场，最坏的情况是什么？是生存或死亡的问题。

您的危机导引：抛弃教条，接受现状

- 危机中必须考虑全面。
- 不论多么困难、多么痛苦，接受危机实际呈现出的样子，而不是我们希望的模样。
- 应对紧急情况的最佳方式是进行危机训练。
- 我们常常只看到主要问题，忽略了细枝末节，导致某些小事可能会发酵成为主要问题，因此必须留心一切。

战略目标

缺乏目标或目标定义不充分是危机中最大的危险之一。面对危机若毫无头绪，情况会变得更糟。因此，任何一个成功的危机应对策略，其万能和终极的密钥是确定一个可实现的战略目标，以及确定一个或多个明确的中期目标。专业人员训练思路清晰，在紧急情况下，不会迷失自己，莽撞冒进。普通人也可以养成制定战略并贯彻执行的习惯，始终围绕"危机结束时，我想实现什么目标"的问题训练自己的战略能力。另外，制定战略不仅仅针对危机，也可以是针对具有挑战性的事件。例如，与配偶探讨下一个假期的计划；工作中与领导讨论薪资问题；畅想购买房子的计划等。此次绑架案件中我们的目标是确保人质毫发无损地返回，交付尽可能少的赎金。

事件全貌

尽可能准确地了解事件情况，以便采取正确行动。为此，我会收集信息、评估信息，针对事件做出判断。不论事件全貌多么不理想，必须百分之百地接受，不要把气力浪费在"为什么会变成现在这样""我还是希望这么发展"的幻想上。情况十分危险、没有任何确定性、危机席卷而来，这才是现实。

人们倾向于将风险因素排除在外或掩盖危险，这不利于长远的发展。最好的做法是将问题厘清，理智采取行动。身处在以可行性为准则的时代里，这么做不容易。但是，只要愿意去做，一切都不是问题。

危险：教条和原则常常导致了错误的形势判断。我们坚持用自己的世界观解读危机，忽略问题的严重性，从而做出不正确的评估。

陷阱：事件全貌把握不准确，导致错误的评估和错误的行动。

逃生路线

从事件全貌和接收情况图中得出可能的行动路线。

我们应该信任尼日利亚军队吗？应该聘请雇佣兵解救人质吗？应该支付赎金吗？

我们需用非常规的思维寻找可行的逃跑路线。危机情况特殊，逼迫我们不得不踏出舒适区。思维模式根深蒂固，只会适得其反。

举例：我们正在寻找逃生路线，由于思维的惯性，我们能想到出口是门，而发现不了出口可能是墙上的小窗，可以爬着通过它。

建议：打开思路！用开放的心态去思考和探讨。必要时借助望远镜，尽可能地开阔我们的视野！现在视线不及的情况，将来可能十分显眼。

方向

考虑清楚分工、做法、时间、地点、目的，才能从计划路线成功逃生。

人员安排：佐默尔

内外部沟通：冯·斯腾伯格

人质安全与赎金交接：克鲁格

法律、财务：法律顾问詹森

与绑架者沟通：麦肯罗斯（后文有相应的介绍）

危机管理组长：董事奥尔森

外部顾问：联邦海事警察霍尔费尔德

划分职责非常重要。危机发生，各种琐事纷扰而至，人们很快会感到不知所措。任务若划分明确、界定清晰，那么每个人都应清楚自己的职责范围，且没有遗漏，这能极大地减轻负担，更重要的是提供了保障。此外，小组成员应对总体战略目标了然于心。所有危机小组成员及时报告新发现，可以迅速生成一个新的事态图。

就事实与关系层面展开独立思考，我们可以自行分配任务。如果混淆了过多人情因素，只会在危机中徘徊更长的时间。

速度

危机与舒适是相对的，因此，我们总是希望尽快度过危机。这种想法诱使我们犯下错误，导致危机持续时间延长，最终比考虑时间因素的战略方法长得多。内心完全接受危机，才能在危机中排除压力，才能接受危机需要时间。此外，时间还是博弈的筹码。绑架案发生后，绑架者越来越难以把人质藏好，时间推移对我们有利；但是如果某个人质急需药物治疗，时间推移则对我们不利。因此，情况不同，时间因素也会发生变化。

每个谈判都有节奏，谁站出来主导，谁就决定了节奏是慢是快，这是一场精神的战争。谈判过程中，一旦某人泄露出有时间压力，他就暴露了一个弱点。

令人费解的是，许多人不愿意为危机付出时间。一个原因是社会节奏越来越快，一切事物都必须高效完成，人们忘记了如何等待。但是，等待是军人的一种美德。由于政治分歧、时机不成熟、天气不佳等各种理由，有句话说，士兵的半生都在等待。我对科索沃的情形记忆犹新，由于塞尔维亚和北约的谈判久久未果，我们在马其顿北部驻扎了几个月，可以说是站在危机的边缘。

面对绑架案焦躁不安的时候，牢牢记住，我们越有耐心，犯罪分子的压力越大。为了避免无谓的等待，我们可以与对方约定一个固定的对话时间，如果幸运的话，他们大概会沿用下去。危机绝不能占据一天 24 小时，我们分配一部分时间处理危机，其余时间要留给一些美好的事情，让脑袋自由放松下来，一些妙招、奇招往往在不经意间闪现。

压力

危机意味着压力、紧张、恐惧。稍不留神，身体边缘系统就会控制我们的行为。通过反复训练、集中精神和掌握规则，学会在危机中控制情绪，如此一来，可以抓住对手的情绪破绽。

战斗力

通常，我们对于敌人的军事战斗力会用十辆坦克、两门榴弹炮、500 名士兵等衡量。但是，战争的决定性因素不总是战斗力，还有执行力，如士兵们的武器操作能力、军队补给效率、训练情况、积极性、领导能力等。此次事件中，犯罪分子劫持我方九名船员作为人质，需要大量的守卫轮流看守，以及后勤和安保。不难想象，毒品和酒精的催化，再加上"内部冲突"或领导力低下的影响，他们团队的执行力远远不足，这些弱点是我们谈判过程中的筹码。

控制力

想要成功掌控危机，我们必须不断地反省，思考自己是否走在解决问题的正确道路上。具体而言，即定期回到初始点审视情况，如果在某点发生了变化，那就从这一点出发追查所有步骤。危机没有舒适区，绝不能在某个地方驻足不前，每一把椅子都可能是陷阱，不存在绝对有效的办法。只有完全摆脱危机，我们才是安全的，在这之前，给予信任固然是好，学会控制自然更好，直到我们迎来停战与和平。

储存经验

成功克服危机后，将方法与经验存储在仓库中，作为下一次危机可调用的资源。这种做法能够在危机结束后不断地得到赞美和认可。

4 发言人...

越快掌握危机全貌越好。经过长期磨合，我们终于确定了今天的主旋律：灵活机动，随时准备应对新情况。

被劫持的九名船员经验丰富，年龄为 25 至 50 岁。因此，我们暂且认定他们状态不错。当然，在被绑架的极端压力下，任何事情都可能发生，船员的具体反应在事后才会知道。

霍尔费尔德将船员的人事档案细细地研究了一番，嘟囔着说道："随船厨师，难怪。"的确，除队长之外，最有吸引力的人质就是厨师，他可以为营地所有人做饭，曾经有绑架犯勒令厨师人质这么做。海盗团伙也是一个组织，需要守卫，需要后勤人员提供食物和燃料。营地临时搭建有睡觉和做饭的地方，但是环境炎热、潮湿、荒凉，周围有无数昆虫在嗡嗡作响，没有任何舒适可言。

这类犯罪团伙通常由一个小组或者一个人领导。领导者的权威决定了团队凝聚力，犯罪分子对酒精和毒品的依赖增加了团队冲突的可能性。这期间，人质没有手机，护照可能被没收或扔在船上。如果护照没有入境章，人质在获释后不能离开尼日利亚。因此，我们必须将持有护照的人与带有有效印章的护照组织集中起来。这件事情需要耗费大量时间，与各方斗智斗勇，因为联邦警察走官方渠道很可能失败。

"我们如何得知人质是不是还活着？"法律顾问詹森问道。

我回答："没有人质活着的证据，我们拒绝谈判。"这点毫无疑问，必须确保绑架者真的抓了人质，而不是得知了小道消息想从中获利的无关人士。我希望能与一名人质交流，最好是队长，就能得到一些细节。我总结道："根据目前所知的作案方式，我们假设对手不是恐怖分子，而是有组织、有纪律的高级犯罪分子，他们的动机是从人质身上赚钱。因此，我们也需要建立一个组织，目前有三个任务：通信、人事和资金。首席安全官斯特凡·克鲁格负责船上人员和货物的安全，这艘船被撞得高高飞起，七零八散。此外，克鲁格将负责赎金交付。"我强调，"现在，还缺一个关键人物——发言人。"

在场所有人投来了疑惑的目光，我进一步解释："发言人是与绑架者保持联系的人，他……"

"你就是发言人，施耐德先生！"奥尔森激动地打断我。

"不，我是幕后指挥。我会和发言人坐在一起，指导他。"

"何必费这个劲！"法律顾问詹森跳起来替他的老板说话，"你为什么不直接和他们谈？你不是最了解这些混蛋吗？"

"现实情况需要一个外部观察者，不断调整谈判策略。最重要的是，绑架者会认为发言人只是一个负责发言的人，没有权力。发言人经过精心挑选和训练，代表公司行事，在与犯罪分子进行任何接触前，都必须重新听取任务安排，不允许采取任何主动行为，因此，发言人不能是危机小组的成员。但是，发言人作为'诚实的经纪人'，促使双方建立起一种信任关系，减轻了我们的压力。对方同样明白，发言人不能做出任何决定，只是报告经过讨论的内容。对方的领导层可能也会任命一名发言人，根据发言人身份，我们马上就能知道，犯罪团伙的头目可能压根不会说英语。"

"这么说，任何人都可以作为发言人？"

"并不是。"我要纠正这种想法。我确实应该将发言人这一角色说得更明白些。发言人的工作是困难的，也是孤独的。他面对着执行任务的压力，无论对方说了什么，都必须执行事先商量好的内容，为此还得忍受谈判失败的风险。因此，我们必须保护发言人，任何情况下他都不应该为此负责。

电话里传来人质绝望的哭泣，或绑架者威胁对人质施加暴力的情况下，发言人必须具备头脑冷静、情绪平稳、抗压能力强的品质。我没有将这些想法和盘托出，只是轻描淡写地总结道："发言人最好有一定的生活经验，此外，能够保持情绪稳定，拥有坚强的意志。"

"我来当。"奥尔森边说边站起身。

霍尔费尔德扫了我一眼，看来我们的想法一致，即弗雷德里克·奥尔森并不适合作发言人。作为公司的负责人，他应该旁观整体情况，而不是参与进来。

"我建议换一个人，"霍尔费尔德说，"发言人必须承受巨大的情感负担。"

"我更应该承担起这个责任。"

"那么谁来管公司日常运营？"我问道，"我说过，绑架可能耽误很长一段时间。此外，你需要加入危机处理小组，发言人不能是小组成员。"

"这是我的公司，我会处理。"

"奥尔森先生，"我再次劝说道，"作为危机小组成员，你可以全面、及时地掌握一切信息，每天都会召开危机小组会。根据我们多年的经验，建议你不要担任这个角色。"

"好吧，那就让我的大女儿做这个发言人吧，她有一天会掌管公司。"

霍尔费尔德向我投来一个痛苦的眼神。

"这恐怕也不是一个好主意，奥尔森先生。"我说。

"我女儿接受过良好的教育，还自修心理学。你刚才说发言人需要敏锐的洞察力，这方面女人肯定更擅长。"

霍尔费尔德开口阻止："你说的没有错，奥尔森先生，但是我们必须考虑文化背景的差异。绑架犯信奉父权制度，不会像绅士一样尊重女性。"

听罢，奥尔森面色凝重起来。"确实，我没有考虑到这一点，我的提议不太好。"

我越来越欣赏奥尔森，只有厉害的人物才会在面对案情时迅速否定自己。我希望他能够意识到自己在绑架案环境中多么摇摆不定，令人苦恼的是他渴望担任发言人这个角色。"我能胜任。"奥尔森始终坚持自己的观点，不管霍尔费尔德和我列出多少缺点。他自信可以"弥补"社会文化背景的差距，但是，这对外国的风俗和传统来说行不通。无论敌人多么陌生，了解对方的思维模式和行为非常重要。危机的特点就是出乎意料，不仅体现在事态发展、应对态度上，还显露在发生环境、评价方式上。

在执行KSK特种部队的国外任务过程中，我知晓了许多民族的特点和风俗习惯，因此与百姓打交道时，我十分尊敬，重视礼仪。例如，拜访穆斯林家庭应该在门前脱下鞋子。直到有一天，阿尔巴尼亚解放军的士兵对我说：战士们不脱鞋子，因为穿着靴子，每次脱下它都尴尬至极。我偶尔会听从这个建议。但是，我从来没有和穆斯林妇女握手问候，也绝不会在这个典型的父权社会里，让一个女人作为发言人与罪犯谈判。

我理解奥尔森的想法，但心里却清楚他不具备正确评估形势的能力，毕竟与犯罪分子进行对话不是普通的谈判。但是，奥尔森认为："我这辈子经历过上万次艰难的谈判，否则我怎么带领公司度过以前的危机？你不是说这些人不够老到吗？我正好擅长呀！"

他当然会这么想，但是绑架犯可不是讲求信誉的商人，而是犯罪分子，干着危险的勾当。还是说，我真的低估了奥尔森？突然间，我回忆起很久以前的一件事。

我的父亲，是我接触的第一位风格强硬的谈判者。当时，他是一家汽车供应商的大客户。学校的一个活动要求我们陪伴父母工作一天，然后写一份记录这一天的报告。我目睹了那个终生难忘且如今依旧历历在目的场景。父亲与供应商打电话，起初声音平平，没有表露出任何情绪，但已经不是我认识的那个父亲，语气也甚是奇怪。有几次他提了个价格，似乎对方没有接受，随后父亲直接挂断了电话，没有告别，没有"再见"，没有"回头聊"，这令我震惊至极。他教导的礼貌和尊敬在这一刻都被抛诸脑后，这真的是我父亲吗？

他看出我的不安，随后给我讲了第一堂谈判课。"这就像一个游戏，想要获得胜利，就不能露出底牌。准备越充分，胜算越大。谈判需要即兴的天赋，也需要谈判的技巧。你必须虚张声势，掩饰真实动机，最关键的是永远领先对手一步。如果实力强劲，这能让你得到十足的成就感，但是一定不能止步于此。紧盯目标，否则再好的演员都不能取得胜利，因为你只是一个演员，而不是导演。

父亲的话应验了，长大后我果真成为一名谈判中的导演，而我的剧本题材名为风险。发言人以演员身份按照我创作的剧本行事，避免了情绪受到干扰，失去目标。恐怖分子和犯罪分子喜欢挑衅，用词十分粗俗，令"普通"人感到不适。奥尔森的日常业务大都以礼相待，恐怕也会做出这样的反应，他无法真正适应发言人的角色。

佐默尔女士离开危机处理小组一会儿，接起国家安全局打来的电话。安全局称，将与人质家属保持联系，并集中到某个地方统一管理，菲律宾人质家属在一个地方，其余人安排别处。

"谁承担这个费用？"詹森问。

"既然没有投保，只能是你们自己了。"霍尔费尔德解释。

斯特凡·克鲁格幸灾乐祸地看着法律顾问。

显然，这两人之间积怨已久。克鲁格似乎有些不快，作为安全主管，他可能以为自己理应被任命为发言人。我却不这么认为，他六个月前刚刚入职，加上年纪才30岁出头，不如年长的员工合适。而且，方才克鲁格在另外的重要会议上待了一个多小时，回来后我必须重述一遍与他相关的信息，连奥尔森都无法轻松协调日常经营和危机小组之间的事务，我不敢对克鲁格寄予太大期望。

最终，我们商定好谈判的时间段，一旦有绑架者的消息，尽量约定在每天10点至12点相互联系，尼日利亚与德国时区相同，如此就不必昼夜等待对方的电话。每天上午8点，我们向发言人传达指令；下午4点，危机小组开会讨论下一步行动。采取这种方式能否成功占据主动权还是未知数。霍尔费尔德住在当地联邦警察局。奥尔森派法律顾问代表公司与我签订好咨询工作合同，我在附近酒店订了房间。为了这次绑架案，不来梅航运公司除支付正常的组织费用、运输费用等以外,还得额外承担我的费用、赎金,以及海盗们从船上库房盗走的23000美元,这只是一个开始。

第一次危机小组会议临近结束时,新手机采买到位,冯·斯腾伯格女士拟了一则简讯,准备向公司人员通报绑架事件。法律顾问发现其中提及的联系电话号码有误。所幸他发现得及时,否则绑架犯根本无法与我们取得联系。我心里默默祈祷着这类错误不再发生,奥尔森确实无法再承受更多的噩耗。他本就毫无头绪,没有任何对付罪犯的经验,还要应付小组内部的文化差异。我们不了解每个罪犯的社会经历,他们可能有犯罪前科,可能是在逃的杀人犯、抢劫犯、强奸犯,或者是退役军人、被处分的警察等。对此我们一无所知,只能设想最坏的情况,如触及KSK特种部队官员的核心利益。

绝境中的抉择

距离车队事件发生,塞尔维亚士兵被杀一周时间后,我们似乎遇见了宣称对此事负责的阿尔巴尼亚民兵。他们驻扎在村庄附近,已经将村里扫荡得一干二净。交火声传来时,我们正在附近巡逻,于是立刻驱车前往,塞尔维亚士兵和阿尔巴尼亚民兵已经展开激烈的对战,我们又一次错过最佳时机。

副官放下望远镜向我报告:"他们又向塞尔维亚士兵开枪了,恐怕伤亡惨重。"

"这群白痴!"我喘着粗气。他们为什么就是不肯遵守停战协议?这是向车队开枪的那伙人吗?不久后,我们发现了他们,十几个阿尔巴尼亚民兵,穿着肮脏且奇异的制服,端着武器等待我们到来。

"放慢速度。"我下令,确认车上挂的是德国国旗,能够证明我们是北约部队中的联邦国防军。

随着距离的不断缩小,我们注意到越来越多细节。有人穿着美军的军裤,有人穿着德军的军裤,还有人穿着美军的迷彩夹克。只有一个人穿了完整的一套法军制服。

我们经过那辆被枪击的塞尔维亚吉普车时,发现里面的年轻士兵被射穿了脑袋,已经没有急救的必要。

"停车!"我开口命令,"我下车单独跟阿尔巴尼亚人谈谈。"

我独自一人下了车,向那群人走去,手里的突击步枪枪口朝下。我心里盛满了怒气,又十分无力。为什么杀害这两个只想回家的男孩?停战协议已经生效,战争已经结束,这两个塞尔维亚士兵何其无辜。看来,两方之间的仇恨早已根深蒂固,想要迎来真正的和平,还要很长一段时间。

我走向那个穿着整套法军制服的阿尔巴尼亚人,在他一臂左右的距离停了下来。显然,他是这个队伍的指挥官,身材矮小,却十分强壮,饱经风霜的脸上刻着深深的皱纹,一双灰蓝色的眼睛引人注目,手里的突击步枪枪口也朝下放着。突然,他向我伸手,咧开嘴笑了,眼神里却不见丝毫笑意。我心里十分不愿,却依旧勉强地抬手回握。

"你好。"他打了招呼。

"我不太好,"我回答着,指了指身后那辆塞尔维亚的吉普车,"你做了什么?"

"塞尔维亚人,我们的敌人。我杀了他们。"

"理由呢?你们没有任何理由。他们只是想返回塞尔维亚。"

"我不在乎。"

"你应该在乎,这么做违反了停战协议。"

他向后退一步，微微扬起头，眯着眼睛说："这是我的领域，每个踏进这片土地的塞尔维亚人都必须死。"他抬手做了一个抹脖子的动作，尽显霸道。

"这不公平！我现在严肃勒令你停止这种行为，接下来会有更多塞尔维亚人从这儿经过返回塞尔维亚。"我说道。

"好吧，下次他们朝我开枪，我再开枪。"他摆出一副大度的模样，转身朝围在他身边的手下笑起来。他们也笑了起来。

"我保证。"他语气肯定，脸上却是止不住的笑意，随后，收住笑脸严肃起来，不屑地耸耸肩，说道："也许会这么做吧，也许不会。"

"也许会这么做吧，也许不会。"他的属下似乎十分钦佩领导的口才，又将这句话重复了一遍。

"你必须给我一个肯定的答复。"我对他提出要求。

"好，好，你相信我。"他做了保证。

其实，我们双方心里很清楚，这种保证毫无意义，我也没有对付他的手段。作为一支北约部队，我们不被允许主动干预战争，配备的枪支仅限于自卫。也就是说，对方朝我们开枪，我们才可以开枪，其他势力之间相互残杀，我们不能开枪。

奥尔森恐怕无法想象，该如何面对民兵领袖这类的商业伙伴。如果想不费一金一银赎回人质，他必须和那些人渣谈判。他们视人命为草芥，把婴儿丢进混凝土搅拌机里都不会眨一下眼。我还可以说出很多疯狂侵略和残忍虐待的可怕事情。

发言人
4

如果亲眼看见、亲身经历这些事件,你会作何反应?人们至今想起斯雷布雷尼察大屠杀,依旧难以平静。战争期间,联合国斯雷布雷尼察保护区由荷兰蓝盔士兵负责管辖,塞尔维亚部队屠杀了数千名波斯尼亚穆斯林男性,拉多万·卡拉季奇和拉特克·姆拉迪奇后来因这场种族灭绝被判处终身监禁。大屠杀期间,荷兰蓝盔部队将数百名男性赶出联合国军事基地的安全区。这一行为引起了全世界的震怒,难道营救人命不是蓝盔部队的职责吗?但是,荷兰部队不被允许干预战争,他们是中立国,不站在任何一方。

战友们曾对我讲述过一件发生在阿富汗的事儿。当时,他们躲在一个凹坑里监视塔利班。一个牧羊男孩赶着山羊径直跑来,发现他们只是时间问题。要放他走吗?男孩可能向塔利班透露他们的位置。还是杀了他?他们陷入了纠结矛盾之中。

在行动中遭遇大部队的枪击怎么办?从人群中飞掷出一颗手榴弹,应该朝着人群无差别开枪吗?还是被动挨打?

这类问题在任何一本军事手册或交战规则中都找不到明确的答案,其最终的决策权掌握在当地军事领导人手里。对于两方而言,决策可能正确,可能错误,也可能致命,于是决策者只能独自一人面对着部队、军队领导、政治领导、全社会和自己的内心,同时可能面对着敌人,做出辩白。德国上校在阿富汗的事件就是典型,他认为油罐车存在风险,下令炸毁,结果造成平民伤亡。部队安全和百姓生命,究竟哪个更重要?政客们不断批评和指责他的所作所为，却丝毫不能体会到毫厘之间做出决定时内心的动荡。他决定保护自己的士兵。

理想情况下，我们可以为个人行为找到依据，这正是危机小组的任务，即明确告知行动依据。

发 言 人
4

对抗本能

问题、冲突、危机刚发生时，我们就倒下，这并不是耻辱，而是人的本能。这种情况下，爬行动物的大脑会自动触发"逃跑—战斗"机制，即杏仁核、杏仁体，属于边缘系统的小型双核脑结构。杏仁核是情绪领域的专家，也可以称为"挟持人质"的专家，因为它可以挟持整个大脑，促进人体释放压力荷尔蒙，激活"逃跑—战斗"机制。但是，在杏仁核的支配下我们依然能从几个行动方案中进行选择，因为化学反应只能持续3到6秒。我们可以察觉出杏仁核应激时间，展开应对刺激的训练，避免生理反应。同时，可以组建危机小组，将不同应激阈值的人聚集起来，找到摆脱危机的办法。如果只有自己一人，那不如听我祖父的话：先睡一觉吧。此外，经验、指导还有实践都是使行动明确化的动力，特种部队日常开展演习，目的是明确行动方向，尽管形式极端了些。

武装人员若只按照应激反应行事，会有更多人牺牲。遭受人身攻击时，感情用事不一定是错的，12点之前我不给敌人回上一拳,就没有办法睡个安稳觉,恐怕自己也挺不到明天了。

特种部队指挥原则的威力在于凝聚所有人,集中注意力。只有站在一条线上,才能克服危机。危机中可能出现许多小危机,若决策者不能达成一致,因利益分歧产生不同选择,整个团队的力量将遭到重创。因此,危机的一个中期目标是组建一支强大的危机小组,小组成员团结一致。

发 言 人
4

魅力是一种秘密武器

  优秀的领导者总是抱着开放和感激的态度接纳理由充分的建议，这种做法不是与生俱来，而是经历造就的。因此，领导者对于危机的态度，很大程度上影响了事态的发展，他们的经验、阅历，他们的怀疑、猜忌，包括他们的教条，都影响着危机处理。理想情况下，领导者没有或很少有教条，或者至少有提防意识。

  但是，危机中如何团结一致？人们与自己单独的谈判，没有"发言人"，只有内心几个想法在互相打架，情况便复杂许多。在这种情况下，本书的方法同样适用：选定一个想法，一个"发言人"。

  那么，选择哪个想法？人们竭力追求客观，可人类本身就是主观的存在，主要依据情绪、冲动和积累的经验行事。有一种人行事果决，毫不犹豫，这可能是好事，也可能坏事。我总结出一个经验，即在危机小组里两种人对于决策有益：一种是真正发挥了领导作用的人，这种人十分受欢迎却不多见；另一种是具备罕见品质的人——有魅力的人，这种人成功塑造了对未来的愿景，希望与别人一起征服它。有魅力的人会回归团队，为共同的目标激励他人，引领众人向前迈进。这的确是一种强大的品质，危机来临，冷漠和颓败的情绪蔓延开来，一切看似无法挽回，这时有魅力之人的存在十分必要。他们保持着最佳状态，散发着乐观主义，绝不抱怨，同时专注于寻求机会、利用机会，调动起团队的全部力量，携手共进。

即便只有自己，魅力也可以成为许多危急情况下的重要指针。危机中，饱含魅力的人能够让人的每个感官都通透舒畅。如果你有魅力，就有了处理危机的强大力量。

您的危机导引：确立目标，制定战略战术，做出决议

- 登山者的目标是登顶，只有内心目标明确，才能真正实现。你想去哪儿？危机结束时你想在哪儿？你想取得什么成绩？
- 列出这些要点，它们是成功解决危机的基础。
- 拟好各种选择方案并命名。
- 列出每个选择方案的优缺点。
- 制定出一个达成目标的战略，做法自由不受限。不一定是 A、B、C、D 最终到 E 的顺序，如果成功机会更大，也可以选择 D、B，然后才是 C 的顺序。
- 衡量比较哪种方案成功实现目标的可能性最大。
- 你的决定是什么？写下它。
- 谁做什么？怎么做？什么时间？写下它。

5 危机处理小组...

不来梅

10月24日上午7时52分

今早去和危机处理小组会合的路上,我在电梯间遇见德特勒夫·霍尔费尔德。我们两人本应探讨一下目前的局势,不料又有两名工作人员走进电梯里,便闲聊起来。我才知道,霍尔费尔德最早一直在纽伦堡的机场做联邦警察,直到某天,爱上了来自不来梅的乘客,于是转为联邦海事警察,定居在不来梅已经15年。

"你呢?"他问道,没有使用敬语,显然已经将我视为同伴。前往会议室的途中,我简短介绍了我整个职业生涯。

"我终于明白为什么法律顾问总是讽刺挖苦我了。"霍尔费尔德笑着说,"他肯定是爱好和平的和平主义者。"我们浅笑了一声,人人都有偏见。

"没错,这恐怕就是他不想购买保险的原因。"我咕哝了一句,接着说,"众所周知,忽视不在想象范围内的事物是错误的做法。"

"是的,跳出框架,眼光放远,绝对没错。"霍尔费尔德点点头。

会议室里，所有小组成员已经聚齐。一名工作人员询问是否需要提供咖啡或早餐，每个人都只是点了一杯水，都能感受到紧张的氛围。我们刚入座，就响起急促的敲门声，一位年轻女士冲进来，大声喊道："斯特凡！他们打来电话了！"

首席安全官斯特凡·克鲁格顿时跳了起来，一时间人声嘈杂。然后他们看向霍尔费尔德和我，而霍尔费尔德看向我。人们总是不自觉用目标寻找着心中的负责人。

"奥尔森先生，"我对奥尔森说，"现在该你出马了。"

"快让他过去接电话！让他过去！"斯特凡·克鲁格喊道。

"慢着！"我喝令一声制止，"让他们等着，或者下次再打。他们是不是已经有队长的号码了？你经常和他通电话吗？"我问首席安全官。

"不时会通个电话。"他确认。

我看向奥尔森，而他的脸色变得煞白。我的心里也不好受，本想让他有充足的时间准备。按照原定计划，他应该只告知自己的姓名和发言人身份，并提供专门的手机号码，约定下午2点进行通话，以便赢得时间。

但是，随后发生的一切彻底将计划打乱。奥尔森刚应了一句"喂"，一个男声就操着浓重的口音喊了几句听不懂的英语，紧接着是抽打声、巴掌声、呻吟声、哀号声，最后一个人抽泣着叫道："他们要杀了我们！救命！求你们！"

谈话就这么结束了，奥尔森的手止不住地颤抖。

这一刻，房间里的每个人都意识到情况的严重性。这不是一场危机，这是一场灾难。

我无须再多言，这个电话直接否定了他昨天试图在管理公司的间隙充当发言人的想法。他挣扎着保持镇定，深吸了一口气说："现在我才明白你的意思，施耐德先生。我原以为自己能胜任发言人的位置。如果这个案子如你所说，需要很长时间，那么……不，我赞成你的建议，另外任命一位发言人。"

"很好。"我如释重负。霍尔费尔德也点点头。

"我心里有一个人选，"奥尔森每说一个字，就重获一份信心的模样。"六个月前离开公司的老员工托马斯·麦肯罗斯，公司前任首席安全官。他符合你对发言人的要求，年龄67岁，性格沉稳，经验丰富，头脑聪明，通晓人性，领导能力无可挑剔，带领的团队成绩出色。他与我们公司关系很好，这点我十分确信。另外，他参加了许多进阶培训课程，学习了不少交际知识和心理战术，是工作委员会十几年的成员。我相信，这种困难的局面下，麦肯罗斯先生可以充当发言人。如果你同意，我现在就联系他。"

门再一次被拉开。"电话又来了！"

接下来发生的事情让我有些吃惊。奥尔森接过电话，用接近诚恳的语气说："请2点再打来。2点，行吗？"随后重复了三遍专用手机的号码。他又让人复述一遍，以一句"再见"友好地结束通话。

"奥尔森先生,做得好。"霍尔费尔德先生称赞道。

"马马虎虎,还是以你们为主。"奥尔森回答,"如果我一意孤行,恐怕公司就没有船长了。"

我很欣慰,奥尔森不再对担任发言人充满野心。斯特凡·克鲁格则显得有些失望,他在危机处理小组里占据一个重要职位,却被排除在发言人的人选之外。但是,他还是展现了自己的大度,对他的前任赞扬不止:"托马斯·麦肯罗斯明白什么是团队的力量,具备丰富的领导经验,精通英语、法语、葡萄牙语和西班牙语,拥有大队长证书。"

十分不凑巧,电话联系不上麦肯罗斯。希望他不是在度假,因为他对钓鱼充满热情,常常一个人在挪威某个地方海钓。一位同事尝试着寻找他的下落。我利用这个间隙总结目前为止所做的决定,在事先明确一切后,我们可以开始"解救人质"的行动,不是采用武力的军事手段,而是采用谈判的民事手段。就谈判和领导的问题,不断有意外让我惊讶,我也发现了不少漏洞。特种部队指挥原则下的攻击,绝不是仓促行动,而是经过了精心准备。每个人都知道,这是一个生死攸关的问题。

特别行动

在外行人眼里，冲进房子似乎是一个混乱无序的行动，但是特种部队的每个行动都经过精心策划。以解救人质或逮捕任务为例，我们了解到一个通缉战犯或恐怖分子在某栋大楼里。一方面，秘密部门通过窃听电话、截获邮件等方式获取该信息告知我们；另一方面，线人、人工智能了解目标的习惯和计划后，提供具体的人数信息。我们主要通过这两种方式获得重要的背景信息，形成一张情况图。

特种部队与情报部门合作，完成传统且精细的情报行动收集工作。掌握被通缉者的完整资料往往需要数周时间。资料包括如下内容：他通常在家的时间，每天何时喜欢在家里的哪个地方，离家时间和方式，守卫数量，是否穿着防护背心，车辆是否有装甲，自己开车还是司机接送，车队的车辆数量，房子里的武器装备情况，是否有诱杀装置，等等。

部队中最好的观察者是狙击手，他们从远处观察通缉犯，建立目标模式。狙击手是伪装高手，经过特殊训练可以保持长时间的伪装。行动时，他们似乎能够在地形中施展隐身术，穿着迷彩服站在潘帕斯草原上，他们就成了一棵树，开启长达数小时的等待和观察。这对我来说太过无聊，我在强化射击训练中的成绩比较突出。

那时联邦国防军举办步兵比赛，我做过伞兵，也担任过参赛队的中尉，出手开枪的次数不算少。但是，我在 KSK 特种部队的经历仿佛来自另一个世界。当时，第一批教官从美国回来，运用美国海豹突击队和"德尔塔"射击战术训练我们，从此，战斗演习和近距离战斗成为每天的主旋律。我们的射击方式发生了巨大改变，不再是通过后视镜观察的静止射击，而是直观、快速反应的跑动射击，同时不断扩充射击武器，运用上突击步枪、手枪和军械库所能提供的一切，快如闪电，火星四溅，九死一生。那段时间里，我第一次感觉到，自己仿佛是一把武器。

狙击手则十分不同，他们有耐心、安静、平和、放松，扣动扳机的手指不见丝毫抖动。他们杀人的实际距离很远，通过望远镜的目光却非常接近目标。演习结束，我们必须进行复盘，处理现场。演习过程中，我们必须控制肾上腺素，及时叫停演习，达到最优效果。演习关系着我的生命和战友们的生命，谁射得快，谁就赢，不是我们就是敌人。当然，意外和惊吓是战斗的主旋律，精心的准备也必不可少。最坏的结果是无关人员死亡，那么事情就变得十分复杂、难以处理，特种部队的士兵们却不得不面对这一切。相比而言，飞行员的任务似乎像电脑游戏一般简单明了，通过高分辨率图像识别细节，按下一个按钮，发射一枚导弹，看到一场爆炸，冒起一片蘑菇云，再消失殆尽。你认为这种工作干净利落？那得看看站在什么角度。

一旦掌握情况，我们就开始讨论方案。有哪些方案？乘坐直升机飞进大楼？一队从花园爬下，穿过后门进入；二队降落屋顶，通过天花板的炸洞进入大楼。这种方案的缺点是直升机声音过大，优点则是这声音需要等一会儿才能听到。我们进入的时间自然不是下午3点，而是凌晨3点。特殊行动的理想时间为凌晨2点到4点，正常人都处于深度睡眠的状态，恐怖分子或战争罪犯身上多少有些正常人的影子。这个时间点，大多数人的动作比较迟缓，需要一段反应时间才能意识到发生的事情，当然，对我们来说反应时间越长越好。整个团队全力以赴，进行一次次的速度训练，为各步骤反复计时，争分夺秒，追求速度，直至将多余时间压榨干净。

特种部队里的每一个人都参与决策的过程。与联邦政府的其他特殊单位相同，特种部队中的女性不容小觑，负责突击以外的会话和取证等方面的工作。执行任务前，我们必须权衡利弊，找到危险程度最低、成功概率最高的理想方案。之后，我们进入所谓的隔离阶段，即连续几天不断反复演练操作，不放过任何一个细节，除此之外什么都不做。实际上，这个阶段非常紧张，因为你不断进入实战状态，参与这场刺激的战争游戏可能付出生命的代价。为此，我们团队的每个人都接受过急救培训，携带适当的设备，被训练成战斗医学家。只有这样，才能够在专业医护人员到达前做好衔接。可以说，我们计划的远远不止行动，而是突发情况，没有什么是"不可能的"，一切紧急情况都在培训课程内。

我们选取一个秘密地点，通常是大厅，画出目标建筑物的平面图，按比例进行模拟训练，这是基于模型预演的好方法。世界上所有的特种部队都进行预演，最理想的是以一比一的比例进行。不来梅危机小组同样使用此法。

每个人必须清楚自己的任务，每个动作必须准确到位。如果某个环节卡住，整个过程就会发生变化。A 队破门的时间、人员、地点。第一人在左边，第二人在右边，第三人在门后观察。确认安全后，进入下一个房间，安全。随后，A 组从底层出发，B 组踢开顶层的门，C 组炸毁屋顶。我们确定炸药、眩晕手榴弹、武器的类型，并根据预期阻力精准到克。另外，是否有敌人相关的武器和守卫信息？我们是否需要带上警犬？

任务前，情绪翻涌积蓄，内心惴惴不安，不免说出许多愚蠢的言论，毕竟人不是 24 小时都保持着严肃认真。但是，越接近任务时间，大家就越是平静。每个人都非常认真地检查装备，小到皮带、鞋带，大到武器、弹药，所有东西必须配齐。我需要带多少弹夹？收音机运行正常吗？需要携带夜视仪吗？以此类推。每个人收拾自己的装备，不需要其他人的帮助。特种部队每个人都有自己的特殊任务，同时也清楚其他人的任务。负责炸门的人要紧盯从门缝冲进屋里的队友们，使用适量炸药，绝不能炸毁整个房子波及战友。最糟的情况是房子没了，门还挺立着。

世界上不存在完美的准备、完美的攻击。有些时候，你自以为准备充分，就急躁地想要开始。多年以来，我见过太多计划不够详细的案例，其往往经不起现实的考验。正如19世纪的军事理论家、军事历史学家卡尔·冯·克劳塞维茨所言："没有任何一个计划可以在第一次遭遇敌人时就幸存下来。"

按理说，等待应该得到实现。但是，计划完全派不上用场的情况并不少见。情况一旦发生变化，所做的计划便不再有效。例如，我们从情报部门得知，线人报告通缉犯准备换房子，或是通缉犯已经有所察觉，抑或是第二天情况有变，行动必须在几小时内完成。这种情况下，通缉犯可能未按照日常轨迹活动，这增加了行动的风险。另外，时间或天气不定、情况不明、意外因素存疑，以及"来自上面的压力"等因素也可能导致准备已久的行动被取消。

许多罪犯、战犯和恐怖分子的其中一个策略就是尽可能频繁改变行踪，使对方难以发现他们和想出应对计划。如果一个人每天，或者每两三天换一个地方，确实很难做出应对计划。我们必须一次次重新开始了解周围情况。怎么才能最好地到达目的地？很多时候，为了不暴露踪迹，我们不得不带着所有行李徒步走完最后一千米。但是，扛着重型武器不发出声音地行走，本身就是一种艺术。

防弹衣、装备、无线电、炸药、水、食物、弹药和武器，每个人的携带重量高达50千克。你们可能想象不到，我们脚步轻盈，速度飞快，这正是我们的优势，再出其不意，不带任何前戏地使用武力。理想情况下，将通缉犯击倒制服前，我决不会求饶，因为从进入特种部队开始，我一直在接受近身格斗训练。从早到晚，掐人中，拳打脚踢，即使身着防护服依然疼痛感十足。短暂放松之后，又是新一轮的掐架和格斗。集中训练往往持续几周，每次早晨醒来，我全身的骨头酸痛不已，有时甚至呕吐，却不得不进行呛水、出拳和踢腿训练。由此，我对自己的身体有了全新的认知。我的对手似乎也有所察觉，试图掐住我的脖子，对我拳打脚踢。训练分为带刀和不带刀，没有武器的近身战斗已经十分棘手，带刀的近身格斗更是糟糕透顶，若在敌人面前没有武器或打具，只怕是凶多吉少。因此，我总是在手边备着一把手枪，没有刀具能比口径9毫米手枪更快。我确实不是一名优秀的刀手，战刀主要用于手工活，或者把香肠抹到面包上去。直到今天，我仍对厚实、粗壮的香肠情有独钟。

无线电报员

上午 9 时 32 分，航运公司会议室响起一阵敲门声，一位穿着考究、身形挺拔、头发花白的先生走进房间。

"你需要我的帮助吗？"他问。

这位先生就是我们的新任发言人——托马斯·麦肯罗斯先生。他的前秘书与他私下关系不错，便将冯·斯腾伯格夫人拟好的消息转达给他。我立刻对这个人充满了好感，若收到犯罪信息的是他，一定能够坚守阵地，临危不乱。他展现出一种阻挡的力量，不会将第一印象直接传递给危机小组，使他们产生过度情绪化的反应。我初步判断，麦肯罗斯可以消化情绪，过滤情绪，只传递事实层面的信息。但是，我错了，麦肯罗斯有一个致命的缺点，甚至可以倾覆我们的救援船，只是那时的我还不知道。

危机总是能够命中核心，造成过度情绪化，破坏任务的完成。人们一旦感受到威胁，大脑立刻会被杏仁核接管，不再保持理性。另外，童年的阴影也可能在此时冒出来添乱，这正是危机的危险之处。我在管理层和军事安全部门经历了许多类似情况。每当这种情况发生,我都会问自己,身陷其中的人们是否在就此相互交谈或者进行着沙盘演练。包括我在内,每个人都有风险,井井有条的日常生活会被危机引爆。以我对人性和自身的认知,没有人可以幸免于此。但在那一刻,我相信麦肯罗斯能够在绑架者和航运公司之间建立一座稳定的桥梁,确立解决危机的良好基础。在他的帮助下,双方将构建起释放人质所需的基本信任。没有信任,任何事情都不会成功。

奥尔森不得不问道:"所以我不在通话现场?"

"是的,只有发言人麦肯罗斯先生、霍尔费尔德和我。"我回答。

奥尔森接受了这个决定,对前雇员表现出完全的信任。又或许是意识到,麦肯罗斯与绑架者通话需要全神贯注,如果整个危机处理小组都围在发言人身边,容易使他失去信心。电话通常很短,每个字都非常重要,必须排除所有的干扰,需要高度集中注意力。我解释说,每次通话都会录音。危机处理小组将分析电话,决定下一步的行动方案。我们可以从对方的用词习惯上得出许多结论,如果对方只是该语言的初学者,就有些困难了。即便如此,还是有些蛛丝马迹,声音听起来状态如何?匆忙、害怕还是回避隐藏着什么?

无论是危机谈判,还是无害谈判,应尽可能有意识地留意每一个特征。即使没有这种意识,直觉也能够感知对方的情绪状态。我们可能无法确切地明白为何对某件事有种奇怪的感觉。为此，人们倾向于寻找合理的依据。例如我们只注意到颤抖的声音这个重要线索，并且应该弄清楚。其实遵循直觉也可以做到这一点。

我们凭直觉感知，或者已经注意到声音里几不可闻的颤动，或许对方有什么顾虑？我们可以利用这点达成目的。如果对方处于脾气爆发的边缘，我们是点燃，还是避开，才能更好地实现目标？如果对方顶着巨大的压力，我们是稳住他们的情绪，以免发生出格的事情，还是给足压力，利用他们的压力？

俗话说，谁先说出口，谁就输了。在武装部队里我第一次知道，声音响亮而清晰可以增强领导力，消除不确定性，提供方向。多年来，我总是厌烦与那些说不到点子上的人打交道，但在谈判时，考虑到跨文化的特殊情况，我们应该耐心倾听，给对方一些空间。训练有素的耳朵可以通过语调听出对方的心跳和语气，也可以感受他的声音透露出的是笑意，还是心事。接起下一个电话时，你试着闭上眼睛，与通话者的心跳产生共鸣。你会发现，这么做确实有效，甚至还能影响对方的情绪，让天平向你倾斜。这是针对人人唯恐避之不及的绑架非常好的训练方式。

日常生活里，我们对接触他人产生的印象往往转瞬即忘。但是，在危机和谈判中，我们必须追踪每一个可疑之处，记录每一个变化。我们的目标是让人质安全获释，基于此，我向奥尔森告知了分析通话的标准。

- 我们对人质情况了解多少？
- 相较以前，人质的处境是否更糟？
- 谈话内容是否与之前的内容一致？
- 情况是否发生了重大变化？
- 目前，绑架者有哪些选择方案？
- 目前，危机小组有哪些选择方案？

下文将详细讨论这些选择方案。

"每一条都有理有据。"奥尔森赞赏地点点头，"还有，麦肯罗斯先生不是危机小组的成员。"

的确，发言人只接收他需要知道的信息，这一点极为重要。只有这样，他才能可靠地传达我们要求的信息。一旦他发现，某个信息只是为了实现中期目标，就不可能再满含说服力地传递信息。

经验丰富的谈判者能够将精力集中于与总体目标甚至毫不相干的次级目标，展开绝佳的、虚张声势的表演，我可不敢与这种人玩扑克。

麦肯罗斯友好地拍了拍奥尔森的手臂，宽慰他。

"我们不会被打倒的，老板。"

显而易见，这两位十分要好。斯特凡·克鲁格若要追上麦肯罗斯的脚步，想必没有那么容易。我很好奇，克鲁格对发言人的成功或失败表现出什么反应，只有这时候，才能看清公司里的人究竟是齐心协力渡过难关，还是大难临头各自飞。

克服危机的过程能够为解决下一个危机摸清门路，积累经验。教训的作用就是避免下次犯同样的错误。特种部队负责行动的后续工作，即所谓的复盘。参与人员描述对于此次行动的印象，总结优缺点，分析可能性，以便下次更好地行动。如今，几乎没有人这么做了，只有唠叨和抱怨，没有可行的替代方案。在特种部队这可是必行之事。

此时此刻，我们为避免危机朝着最糟糕的境地发展而焦头烂额。终有一天，这会成为我们可以借鉴的经验，给予我们信心去应对下一个危机。回顾过去，我们也可以反思陷入危机的前因后果，在未来避免类似的错误。另外，我们还可以从成功克服危机中获得满满的成就感，相比之下，即将到来的危机也不过如此，乐观的情绪随之传播开来：我们必将克服这个危机。

"好了，祝你们好运。"奥尔森向麦肯罗斯和我告别。我们眼前还有大量的工作，首先，我会对发言人进行培训，向他展示第一个剧本。

麦肯罗斯认真写下与绑架者谈判相关的一切内容，再用自己的话复述一遍。我不禁笑了起来。

他不解地看着我。

"我确实需要一个这样的无线电报员。"我说。

麦肯罗斯也笑了,他显然是听明白了我的意思。无线电报员的工作是接收命令并传递出去,无须任何解释,也不必进行修饰。

"我代表公司发言。"麦肯罗斯一副作报告时的模样,"我不是危机小组的成员,只是被告知制定好的战略。每一次谈话,我都会遵循经过多次讨论后的剧本。我明白要坚持剧本难度不小,因为可能听见人质的尖叫或哭泣,也不能过度情绪化。"说到这,他有些犹豫。

"剧本会保障你的行动。"我安抚他。

"日常生活也可以充分利用剧本。"他说。

"确实。"我与他看法一致,许多人认为日常生活远不如商业交易重要。我不认可这种思想,因为一个人对自己的生活满意是其职业成功的基石。

接下来的时间里,我试图让麦肯罗斯明白,对手与他往常打交道的人截然不同。但是,双方有一个共同点:即使不在同一条船上,也在同一片水域。粗略一看,航运公司的底牌更差,但是严格来说,双方境地相似,都处于极端的压力之下,押上各自的全部身家。危机中,我们千万不要错误地认为对方一切顺利;永远记住,其他人也会有问题,别人的弱点正是我们的机会。如果被恐惧的海洋吞没,就很难意识到这一点。

时间因素在其中起着关键性的作用,稍后我们会加以利用,这是控制对方而不使人质处于危险的绝佳方法。

但是，眼下最重要的事情是建立信任。没有信任，就没有好的谈判，没有信任，任何事情都无法做成。信任是合作的润滑剂，是成功的垫脚石。绑架案里我们面对的，是那些你永远不会再次信任的人，他们的所作所为已经彻底使自己失去了被信任的资格。但是为了实现目标，我们不能让他们意识到这点，这就需要建立一个良好的对话氛围。究竟如何才能抛却过去的偏见和历史，建立信任关系，从而达成良好交易，交付赎金释放人质呢？答案是，尊重。绑架犯知道自己干了些什么，从来不指望能获得尊重，也不会对对方表示尊重。若我们抛弃所谓的教条，对对方表示尊重，那么令人惊喜的事情会随之发生：绑架犯感受到我们的尊重后，会变成相对严肃的谈判伙伴。因此，即使绑架犯可能晚了几小时打来电话，发言人必须强调对手可能具备的良好品质，不管是什么，必须体现出这种积极的态度，其他随着时间推移出现的细节也可以用善意的语言进行包装。如果实在想不出来，你必须记住，人质还活着，一切都好。

直呼对方的名字或使用英文的"你"有助于拉近两人的距离。比如"你好吗"这样的问句短语可以创造良好的氛围。或者强调双方的目标和想法一致，都是想完成交易。

这些简短的措辞有助于拉近距离，又不显得刻意。我们甚至可以得知重要的信息，比如问对方今天天气如何？他回答：太他妈热了。借此可以评估人质情况，得知发言人的信息。

部队的信任

犯罪分子的行为令人深恶痛绝，但是我们只有一次机会与他们成功谈判，就是建立起感情联系，这是实现解救人质目标的唯一途径。所有的冲突和危机都是如此，没有联系，一切都无法改变，除非你能想出最终的解决方案。

这种情况在日常生活中并不少见。我们可能不得不与无法忍受的邻居建立联系，可我们的目标是享受花园里的时光，而不是每隔一小时与邻居隔空喊话。我们可能必须与讨厌的同事建立联系，虽然极度想把他射向月球，但是不可能，他就坐在对面的桌子上。

只有对着冲突的源头打开一些心防，才能解决问题。如果我们一味拒绝造成冲突的人，问题将永远不可能得到解决，因为问题一直保留在这个人身上。有些人认为，行，直接把这个人消灭，问题就会自动消失，但是新的问题会紧随其后涌现出来。我们不必与对方结婚、同居或度假，可我们应该尊重他，从这个角度建立联系。没有这关键的第一步，一切都不会向好的方向转变。

若问题不断累积，解决起来会相当困难，因为你在把距离不断拉远。其实，建立的关系不必太深，也不必长久，于我们而言，只需持续到人质释放即可。例如，与烦人的邻居交流过几句，可能意识到他不算太坏，只是有些坏，也可能找到了某个共同点，随后一切变得容易。最小的共同点是我们都是人，这足以搭建一座临时的桥梁。我们都是人，我们想要的东西不过是健康、幸福、自己和身边人的安全。当然，人们可以拒绝这种做法，没有人会怪罪。

建立信任为实现战略目标打下了基础，那么，如何建立信任？找出对方的关切点。烦人的邻居站在栅栏边要求我们砍掉某棵树，而他以前从未提过，其实，他对这棵树投下过多的阴影早已积怨多年。讨厌的同事其实是受不了我们身上的香水味。另一人从不打招呼，看似傲慢无礼，其实是视力过差看不清。绑架案可没有那么容易找出关切点，双方只是进行相对简短且十分粗鲁的电话交谈。但是，细心的人却可以从中发现绑架者的真实诉求，以及他对不同报价的反应。如果对方听起来压力很大，或者是老板给他极大的压力，你可以表扬他：

> 你是一个非常好的发言人，我们接受你的观点，但是……你是一个出色的商人，和我们一样……我们共同的目标是——解决这种情况。

发言人可以直呼对方的名字，表明对对方的重视。对于每个人而言，听到自己的名字被以赞赏的语气说出是一件好事。

发言人应始终保持赞赏的语气。

发言人不能骂人，不能说脏话。

发言人表明自己的可靠，遵守自己的承诺。

上述这一件件小事，能够传递出安全感，由此产生信任。在与犯罪分子的接触中做到这一点不容易，生活中做到这一点有时也十分困难。对于经理们而言，学习建立起信任的沟通是一门重要的课程。对于父母而言，如何应对一个把盘子扔到墙上的三岁孩子？如何立下规矩同时起到教育作用？关键仍是找出行为的动机。如果理解动机，就更容易尊重他人。

与他人接触时，我们若能意识到自己存在某些不断反复的本能情绪反应，就可以采取对策，自主做出决定，摆脱身体的本能。

每一次犯罪都是一次关系的破裂。为了实现战略目标，我们只能把它看作是谈判过程的中断，而不是彻底决裂。有攻击性行为的罪犯处于无束缚、无牵连的状态，一旦建立联系，这种平等就被打破了。因此，发言人和领导人必须具备和不断更新建立联系的能力，若运用得当，对话者的行为会表现得更加恭敬。

建立信任是一个基础的中期目标，同时也是包装谈判的手段。面对侮辱时，发言人须坚持按部就班，依照剧本行事，语气恭敬尊重，除非中期目标需要临时改变路线。这其实是一种战术，表面上暂时表现出不信任，对方往往会加强联系。可以说，谈判就是简单的扑克游戏，关系的不是钱，而是生命。

如果对手极度缺乏安全感，对生活充满绝望，孑然一身无亲无友，那么建立信任非常困难，这些是难以破解的坚壳。与这样的人建立积极的联系几乎是不可能的，他没有任何亲人，如何劝说他回到家庭的怀抱？也许他是一名儿童兵，也许他亲眼看见父母死在面前，等等。此外，绑架者与人质一样与世隔绝，藏身于丛林深处，条件极其恶劣。

有时，必须抛开自己的位置，设身处地想象对方的情况。这让许多人为难，却是一个优秀谈判者的必要能力，否则很难成功地建立双方的联系。我相信麦肯罗斯能够做到这一点，为我们提出第一个信任问题提供了保障。

"只有确认人质存活后，我们才会进行谈判。"我给他留下了深刻的印象，"如果没有人质的消息，就没有谈判的可能。此外，绑架者最初的要求必须相对合理，而不是漫天要价。"

"怎么样才算合理？"他问我。

"对方如果不肯给出任何人质的消息，却要价4亿美元。这种情况下必须考虑对方是不是我们要谈判的真正对象。"

"啊？还有错误的吗？"麦肯罗斯十分惊讶。

"有这种可能。所以我们做的第一件事，就是查明对方是不是真正的谈判对象。"

我多次提醒麦肯罗斯，发言人不允许自由交流。他只是危机小组的一个工具，不应该采取任何主动。此外，他必须注意一些特殊的措辞，如不能使用"好"这个字，这可能被对方误解为同意。发言人也不能使用真名，我们一致决定用皮特这个名字，因为英语里皮特的名字很常见。这些都是小事，最难的是如何在不愉快的情况下创造出良好的谈话氛围。

话　术

我写作此书的目的不是总结谈判词汇，为绑架犯归纳一本使用手册。绑架事件各不相同，归根结底，它始终围绕着以下几个问题。

船员的情况如何？你们的要求是什么？船员们都还好吗？我可以和船长说话吗？最后一个问题可以证明人质存活。但是，"人质存活"这四个字绝不能说出口，绑架者会以此认定善良的发言人背后一定有专业顾问指导。我们不能让绑架者意识到这一点，只希望给他们一种平等的、轻松的对话氛围。因此，首先进行小范围的交谈，最理想的话题是天气，然后再提出金额。

为了使谈判取得成功，麦肯罗斯与对方交谈时，必须抱着探索和好奇的态度，去了解对方这个人。如果戴着有色眼镜，不看人只看他"罪犯"的身份，如果只想输出自己的观点，就不可能建立起信任，这只是一方的独白。商业和日常生活中的许多谈判策略在此发挥不出作用。任何交流论点、辩论是非、批判教条、讨论对错的行为在此都将失败。对方的发言人面临着巨大压力，也许谈话过程中，有人用枪顶着他的太阳穴；也许他受到生命的威胁，必须谈判成功，如此困难的境地几乎不可能建立联系。但是，我们必须建立联系，信任是后续一切工作的基础。绑架案件的谈话，语言不加修饰，话语简单明了，措辞简洁利落，建立联系的机会更是稀少。

你好吗？这是表达我对你感兴趣的最简单表述。

有人可能觉得这种解读未免有些牵强，可无人在意发言人内心的想法和情绪。他存在的理由仅仅是服从命令，传达信息。此时对方发言人可能会注意到这个问句，有意识、无意识地认为对方把他看作一个个体，于是提起对电话另一端敌人的兴趣。这时，对方发言人反问道：你好吗？双方之间便萌生出一丝丝好感和联结。理想情况下，发言人发现双方都有兴趣尽快、尽力解决问题，毕竟两人都不是决策者，而是传声筒。其他类型的谈判中，人们习惯提出论点，说服对方，为自己加分，等等。在危机谈判中，这些做法很难得以实施，因为这一切都处于极端的时间压力之下。通话往往只有短短两三分钟，在极其有限的时间内，必须设法获得犯罪分子的宝贵信息。发言人感觉越舒服，越能畅所欲言，同时，可以让我们摸清形势，表达方式常常揭示了眼睛看不到的事物。电话让我们无法看见对方的姿势和面部表情，但是说话的语气可以透露出很多信息，它更难加以掩饰。只要我们仔细听，就可以听到许多信息。

理想情况下，我们不贸然谈论赎金，首先应了解人质的健康。然后，我们不使用"要求"这个字眼，而是用更有人情味的表达：你想要什么？若要求不符合当前市场行情，就拒绝谈判。了解市场行情十分重要，毕竟每个人都清楚这是关乎钱的问题，对方心里似乎也明白，于是在约定时间两小时后才打来电话。绝不能因此怪罪他们，我们需要对话，若出口便是指责，谈判就终止了。

最好通过求同存异的方法营造良好的讨论氛围，别怕重复！

> 我们都有兴趣解决问题。我是真心想避开困难。我们开诚布公地说吧。都是专业人士，所以我们表现得专业一些，对吗？

想方设法让对方表示同意，每当他说"是"的时候，就松了一口气，这为最终支付理想的赎金提供了莫大的帮助。

您的危机导引：团队合作、信任和制定方案

所有人，包括我在内，面对个人危机都容易犯一个错误——试图自己解决所有问题，结果往往失败。务必寻找靠谱的同伴！让专家参与进来，一起研究事态，会得出之前从未想过的解决方案。随后权衡利弊，评估两三个可行方案的优缺点。最终保留一个方案并实施。理论和思考固然是好，实施才是关键之策。

6

剧本

根据目前形势，结合对麦肯罗斯的评估，我写下了第一个剧本与他详细讨论。事先不清楚对话究竟如何进行，但是必须把剧本写成真正的谈判情形，类似于转述。经历过几次绑架案，就会意识到这些对话其实大同小异。

- 嗨，约翰（海盗），我是皮特。你可以听清吗？
- 我可以听清。
- 很好。你还好吗？
- 我很好，谢谢你。
- 船员们怎么样？
- 船员们都很好。你听着，我们要4亿赎金。
- 我知道你们的意思了，我可以和船长通话吗？
- 船长不在这儿。
- 那我可以和任何一个船员通话吗？
- 不行，我们要四亿，听懂了吗？
- 我明白，但是我必须确认船员的安全。

- 我已经跟你说了，船员都很好。你不相信我？
- 我相信你。但是我们不知道船员的情况，就不能谈钱。你会买一些未经检查的东西吗？
- 好吧，明天你可以和船长通话。
- 太好了，那我们明天 2 时再谈。
- 好，没问题，我们给你打电话，再见。

建立联系

不来梅
小会议室,下午 2 时

到场人员:麦肯罗斯、霍尔费尔德、施耐德。

14:01

麦肯罗斯的眼神直直盯着时钟。

14:04

没有动静。

霍尔费尔德看报纸,我看着窗外,麦肯罗斯盯着电话。

14:06

"他们怎么还没有打来电话?"麦肯罗斯问道。

"因为他们是绑架犯。"霍尔费尔德的声音从报纸后传来,

剧 本
6

然后他随即放下了报纸,"这很正常,麦肯罗斯先生,耐心些。"

"这根本不是谈生意的样子!"

"是的,你可以这么说。"霍尔费尔德给出一个简短的回答,又举起了报纸遮住脸庞。

"尼日利亚和这里可没有时差。"麦肯罗斯的声音洪亮。

"没错,尼日利亚现在也是……我看下时间……14:08。"

"他们对时间可能有不同的理解。"麦肯罗斯说。

"这才哪儿到哪儿。"霍尔费尔德在报纸后面回答。

"我讨厌不守时的人。"麦肯罗斯告诉我们。

"我也是。"我表示赞同,"可现在我们必须忍受,他们可能今天都不会打电话过来,要等到明天。"

"可他们想从我们这儿拿到钱!"

"你说的没错,麦肯罗斯先生,但是我们并不清楚他们那边发生了什么,也许有突发情况。"

"难道无线电出了问题?"

"应该不至于,他们会检查。可能是他们的藏身之处发生了变故,被警察或其他团伙发现,不得不逃跑。或者后勤部队有问题,也可能是昨夜喝了庆功酒之后还在呼呼大睡。"

"不会还在干杯吧。"麦肯罗斯嘟囔了一句,接着说,"尽管如此,我还是应该把他们看成可敬的商人。"

"拜托你把'可敬'这两个字删掉。"我咧嘴笑了一下。

麦肯罗斯叹了口气,随后陷入沉默。面对这种情况,有些发言人无法忍受沉默，拼命说话缓解压力。20分钟后，麦肯罗斯开始解起数独题。

下午2:43，电话响了。霍尔费尔德立马放下报纸盯着我；麦肯罗斯看了一眼电话，又看向我。我反复说："保持冷静，用裤子呼吸。"他被逗得一笑，随即变得十分严肃。

我看向他的眼神里满是坚定，然后对着他点了点头。他接起电话。

"喂？"

"喂。"

"我是约翰，我想和公司谈谈。"

"你好，约翰，我是皮特。我代表公司与你谈话。"

"你说'代表'是什么意思？我只想和老板谈。"

麦肯罗斯盯着剧本，谨慎地回复："我明白。老板让我和你谈谈，我全权负责这次谈话，我会如实向老板转达。"

"好，明白了。你听好，我们绑架了船员，现在立马给我们四亿赎金，不给就直接杀了他们。"

麦肯罗斯的额头上冒出了豆大的汗珠，"杀"这个字令他十分不安。我怀疑他是否在心中做了一番想象。我猛地打了个手势，指向剧本某处，麦肯罗斯点点头。

"人呢？"约翰问道。

"我明白，但在讨论赎金之前，我必须清楚人质的情况。"

"他们很好，相信我。"

剧 本
6

"我相信你,但是我必须确认人质安全。让我和船长通话。"

麦肯罗斯找回了状态,我向他竖起大拇指。

"我们要四亿赎金。"约翰重复道。

"先不谈钱,船员们还好吗?"

"他们很好。"

"我知道了。但是不和船长通话,我就没办法跟你讨论赎金。"

"但是船长现在不在这儿!"他明显有些激动。

我做了个安抚的手势。

"我理解,"麦肯罗斯平静地说,保持着友好的语气说道,"我什么时候能和船长谈谈呢?"

约翰沉默了,也许在思考。随后平静地说:"明天。"

"好的,"麦肯罗斯回答道,随后试图更进一步,"我可以和每个船员通话吗?"

"不行,只有船长。"对方果断拒绝了,没有任何回旋的余地。

我点了点头。

"那就明天2时,我和船长通话?"麦肯罗斯重复了一遍,与我们之前的排练分毫不差。

"没错,明天你和船长通话。"

麦肯罗斯的脸通红,似乎血压升高了不少。

"对面像个会龇牙的钓鱼竿,"他抱怨道,"我没想到这么吃力。"

"会龇牙的钓鱼竿?"我拎出这个词,难道是垂钓者的行话?

"意思是粗人！"麦肯罗斯愤怒地解释。我们三个人都笑了起来，紧张的氛围顿时消散。

霍尔费尔德称赞他："你做得很好，麦肯罗斯先生。"他竖起拇指，随后离开了房间。

"那我们再复盘一下谈话内容？"麦肯罗斯问我。

我点头。

"我去稍微梳洗一下。"麦肯罗斯说。五分钟后，他回到房间，脖子上仍挂着几滴水珠，似乎往脸上抹了冷水。他显得很兴奋，我又给他浇了一盆冷水："约翰是否真的能和人质联系，我们不清楚。"

"怎么会？"麦肯罗斯错愕地看着我。

"没有人质的存活迹象，我们什么都不知道。或许一小时后，又有一位比尔打来电话，声称自己控制着人质。"

"天哪！"麦肯罗斯呻吟一声。

"你做得很好，麦肯罗斯先生。"

"我尽力了。"

"我建议，我们记录这次谈话，同时准备下一次谈话，然后我向危机小组汇报。"

麦肯罗斯说："我感觉很紧张。"

"我们必须为危机付出精神上的代价，"我赞同道，"还有金钱的代价。"

剧 本 6

您的危机导引：准备、态度和冷静——危机三部曲

每个人都会在冲动时做决定，尤其是内心愤怒、情况紧急或逃避抗拒的时候。尽管我接受了几十年的训练，仍然避免不了冲动决定。我总是告诫自己，在说话和行动前，先用脑子思考。这对于心直口快的双子座来说就更难了。你可以试试德国武装部队的一句俗语，我至今仍在使用：想，按，说。先思考，再按下通话键，最后清楚明白地说。记住，公民义务中的第一条是保持冷静，危急情况下才比较容易想起这一点。切不可操之过急，在心中浏览一遍情况，再尝试后退一步。

7 谈判...

每一次危机都要消耗精力、健康、时间,当然也包括金钱,于我们而言,任何一项都相当有限,因此必须尽快得到一个切合实际的赎金,而不是四亿这种离谱的数字。再者,四亿的单位是什么?美元、欧元、奈拉(尼日利亚的货币)?四亿奈拉约等于一百万欧元,依旧是高不可及的数字。

"四亿?"奥尔森重复着数字,笑出了声,听起来十分绝望。他环顾四周,又说了一遍:"四亿!"随后转向我,"我们没有这么多,这简直是……"

"超出我们的能力。"詹森接过话。

"厚颜无耻!"克鲁格大喊。

"这只是他们的策略。"佐默尔女士说道。我有些惊讶,她说出了正解。

我向危机小组的成员解释:"四亿,可能是美元,不现实。绑架犯心里也清楚,只是扔出一个数字罢了。"

"那么我们怎么应对?"奥尔森问,"施耐德先生,你知道我肯定想赎回人质,但是这个代价太高了,我非常担心他们的性命。"

"绑架者想用人质交换赎金,并不是真的想杀了他们。现在我们与他们取得了联系,就可以开始谈判了。"

"这只是一种谈判?"

"是的。"

"那我就放心了。"奥尔森勉强挤出一丝笑。他与在场的危机小组成员似乎昨晚没有睡觉。只有霍尔费尔德看起来精力旺盛,朝气蓬勃,听着我的解释直点头,还晃来晃去。随后他开口说道:

"绑架案都有一个行情价格。四亿太荒谬了,我昨晚查了下。"

我早已查过行情。

"这是什么?"冯·斯腾伯格女士问。

"目前尼日利亚地区的赎金数额。"

"这种事情还有行情价?"她质问道,语气里满是愤怒。

法律顾问拍了下桌子,似乎自己做了决定:"我们就付十万,一分也不会多给!"

"可惜十万根本不够。"霍尔费尔德说。

"我做了些准备。"我一边说着,一边打开投影机。

画面出现了一个表格,其中列举了不少高额赎金在几周内大幅下降的案例。

例如,第一次联系时,绑架犯要求四亿美元,该公司报价82.3万美元。之后,绑架犯将价格降至3000万美元,公司再报价 94.3 万美元。如此反复谈判，最后协商出一个符合行情的价格。出于保密，我不会在书中提到真实数字，也不会透露详细的财务策略，以免海盗参考借鉴。

我并没有被四亿这个数字震慑住，而是设法用实际案例结合具体解释安抚危机小组的情绪。但是有一个事实不可忽视：犯罪分子不是正经商人，他们可以随时增加或减少金额。公司或保险公司应该避免给出整数价格，这有利于提高报价的可信度。

"我希望能迅速降低价格，"奥尔森对我说，"最好马上支付行情价格。"

"我不建议这么做。"我说。

"为什么？这是在浪费时间。"

"相反，这不是浪费时间，而是在争取时间。人质不需要医疗援助，我们耗得起。"

"但是我想加快进度。"奥尔森坚持。

"如果你现在交出更高的赎金，"我向他解释，"绑架者可能只释放一名人质。因为他们觉得，才谈判一会儿你们就把钱交了，想必资金充裕。"

"这可真无赖！"詹森立刻冲动地大喊，随后沉思起来，喃喃自语，似乎想说"当然无赖，他们可是罪犯"。

霍尔费尔德对我表示支持："根据我们的经验，立即付款是一个非常冒险的举措。除非人质需要药物治疗，耗不起时间进行正常的谈判，才可以这么做。"

谈 判
7

"那我们用什么价格谈判？"法律顾问向我提问。

"我建议，以 82.3 万美元的金额开始谈判。"我回答。类似案件的"行情价格"是 200 万，奥尔森的流动资金是 300 万。

谈判开始时，我们应该确定战略目标，也应该确定期望赎金。在接下来长达数周或数月的时间里，不断朝这个数额努力进行谈判。

"简直是无休无止！那麦肯罗斯先生怎么办？每天做发言人的工作吗？"奥尔森问。

"他们应该不会每天打电话过来，"我猜想，"但是麦肯罗斯先生必须手机不离手，绑架者很可能随心所欲拨通电话。虽然商定了一个固定通话时间，但是目前很难说他们是否会遵守。谈判过程中你有权利随时关机，但我建议一开始不要这么做，之后可以采取关机策略。我们必须做好漫长等待的准备。"

"真是浪费时间！"詹森插进话感叹一句。

"不，我们需要的正是时间"，我纠正他的想法，"毕竟，我们还得准备钱。"

"哦，确实。"詹森点点头。

"这有什么难的？奥尔森先生已经备好了赎金。"佐默尔女士道。

"我们必须亲自前往尼日利亚交赎金，"我解释，"你们没有保险，所以没有担保人。如果有保险单做证，向银行贷款就容易许多。"

"但是我们有这笔钱！奥尔森先生不是说了吗？"佐默尔女士重复说道。

"有这笔钱没错，可怎么转移到尼日利亚？我们转账给谁？还是说，绑架犯走进银行，开个账户，用皮箱把钱取走？"

听完我的话，冯·斯腾伯格女士不禁大笑了几声，克鲁格的脸上也露出几分笑意。

"不，这不是一个好计划。"佐默尔女士讪讪地软下语气。

"到底怎么办？"詹森脸上写满了不耐烦，"你肯定知道怎么办，快说啊，看看究竟多有能耐。"

奥尔森恼怒地看他一眼。詹森一向看我有些不顺眼，此刻终于原形毕露。

"和人一样，货币的跨国流通会受到管制。"我解释道。

"我知道。"他嘶哑地说。

"只能带一万美元入境，"我接着说，"所以需要一个当地信得过的商业伙伴。你把钱转给他，他再把钱取出来交给你。"

"可我们在尼日利亚没有商业伙伴。"奥尔森打断我的话。

"所以我们需要时间筹备打点。另外还得联系尼日利亚的银行，他们可能没有这么多美元库存，因为美元不是尼日利亚的通用货币。"

"太复杂了！"佐默尔女士抱怨。

"这都是可以做到的，只是需要时间。"我回答，接着说，"为此必须制订一个向尼日利亚转移资金的计划。我们得考虑到最

谈 判
7

坏情况,很多银行可能会拒绝我们。另外还有不少问题:若转账成功,谁取钱?取钱的人把钱放在哪里保管?用什么来包装准备这笔交接款?"

"用油漆?"奥尔森问。

我忍不住笑出声,说着:"那倒不必,但是必须装得结实牢固,绑架者可能要求用投递的方式交接。也许他们还想用小船送到尼日尔三角洲。最重要的是组建一支运送队伍,以免遭受突袭。如果其他帮派知道 200 万美元将被送进丛林深处,肯定想半路劫走赎金。"

"谁负责组织交接工作?"佐默尔女士问。

"应该是我。"斯特凡·克鲁格说。

霍尔费尔德快速扫了我一眼,"是的,但是我们会从旁协助。"

"难道还有什么问题吗?"冯·斯腾伯格女士问。

"很多问题。"我老实说,"就拿你负责的新闻领域来说,媒体可能得到绑架的消息,在《明镜周刊》(*Spiegel*)的封面上大肆刊载。或者国外媒体报道了这起事件,消息传播到人质家属的耳朵里,他们向媒体发声求助。"

"我明白。所以我们与家属保持着密切联系,还想将所有人质家属集中起来。"

"我可以推荐酒店,"克鲁格说,"原本一切顺利的话,我准备去那里度假。"

"危机结束你再去也不迟。"冯·斯腾伯格女士对着他,语气不善。

"双方达成交易,到人质安全返回,中间需要多长时间?"佐默尔女士问。

"预计两个星期。"我说。

詹森若有所思地说:"组织交接工作需要额外花费不少钱,打点关系的钱也得准备一些。"

霍尔费尔德点头表示赞同。

"今天早上我和公司律师打了很久的电话,"奥尔森告知我们,"他认为我们至少需要 50 万欧元支付这起绑架案带来的各项费用。"

"我也觉得需要这个数。"霍尔费尔德说。

"如果我们能将赎金谈到 200 万,总费用就是 300 万左右。"奥尔森解释。

"这包括违约金和邮轮的滞期费吗?"克鲁格问。

"你管好安全问题就够了。"奥尔森不打算回答他的问题。

"我听见的只有钱、钱、钱,"人事经理佐默尔女士十分生气,"可以考虑一下人质吗?"她的脸色苍白,显然对这种情境难以接受。有些人总是表现得与其他人有些不同。

"昨天向我们大喊救命的人,"她开始说,"我知道他是谁。上周我才和他通完电话,他因为特殊情况想要请假,人事处肯定不会同意,所以他直接给我打电话。他初次成为父亲,孩子早产，在保温箱里，"她有些哽咽，吞咽了一下接着说，"他担心孩子夭折，希望至少见孩子一面，他的妻子还在医院躺着，这一切就发生在我的身边。"说完这些，她的声音已经十分沙哑。

顿时，现场一片死寂。当集体事件细化成个人事件，一个故事具象成一张面孔时，人们往往内心沉重。

"你想离开危机小组吗？"奥尔森体贴地问。

"不，不是，我只是想解释一下为什么……所以……我的意思是……也许你能说说人质的境况如何吗？我不知道尼日尔三角洲的情况。我们的人吃饱了吗？会被打吗？还好吗？"

所有人期待着我能给出答案。在强调每个案例都有不同之后，我还是描述了一个比较常见的场景。

绑架犯营地

经验显示，人质被囚禁的头几天里境况最糟。他们不知道会发生什么，前往藏身处的途中可能受到粗暴的对待，因为绑架犯的压力很大。绑架彻底击碎了他们的生活，瓦解了自信，突然间安全感消失，一切都是未知数，他们的内心动荡不安。当然，他们也十分担心自己的家人。但是，我们不清楚营地的确切情况，最不利的是人质被分别关押，相互隔离。

通常在营地几天后，生活形成一种常规，人质也会感觉好些。他们也许能正常获得食物，有一定的活动空间，也许不能。若整天坐在一个地方，无所事事，没有消遣，没有手机，没有报纸，人质会感到巨大的压力，再加上不同处置方式的影响，甚至可能患上抑郁症。某些人质设法与看守建立良好的关系，获取无线电和电视的使用权。我经历的绑架案中，只有一个人质得到许可保留了手机，并打电话给家人，但这是个人绑架案。

必须严格将人质排除在谈判之外，一旦犯罪分子认定人质可以影响赎金的高低，就会滥用人质的影响力。因此，发言人不参与危机小组的讨论,传达人质的任何言论。当然,人质希望尽快获释,有时会发挥自己的主观能动性,劝说绑架犯放弃漫天要价。但是,我们不鼓励"来自内部的插手",这可能引发新的棘手问题。

安全基地

"天哪！"佐默尔女士轻声惊叹，"光是想象他们把我的手机拿走，就已经可怕至极，若是……"

"我们没必要自己吓自己。"霍尔费尔德安抚着她的情绪，"应该感到庆幸，你们的船员没有落入恐怖分子手中。这些绑架犯大概率只是普通的罪犯，否则一切只会更糟。"

我接过他的话，试图传播乐观的情绪，解释说："日常生活里，人们往往不了解自己内心修复创伤的能力有多强。我们应该相信，人质没有遭受永久性伤害，就能走出阴霾。常常有人说，一个人没有经历过危机，往往不清楚自己具备韧性、耐心以及其他可贵的品质。"

诚然，危机让人们重新认识自己，也可能带来创伤。处理危机的方式，取决于个人性格和过往经历。我们的内心需要一个安全基地，去应对困难，直面恐惧，尤其是死亡的恐惧。"安全基地"往往是童年时期建立起来的，它又被称为"基本信任"。童年生活充满安全感、价值感和疼爱自己的人，能够形成更强大的根基，轻易撼动不得，反之则很容易倒下。

　　人质对自身处境作何反应，这个问题始终困扰着佐默尔女士。她并不认识他们，却有着极强的责任感。危机小组的其他人有着同样的心理，如奥尔森就对这个问题十分上心。经验丰富的高管大多充满信心，很少缺乏自信。但是，危机不比日常业务，无法进行管理，面前只有未知、惹人厌烦的事物，无法借鉴经验。此外，危机打破了经久不变的常规。

　　考虑到危机的复杂性，警察、消防和军队等国家机构常常组成工作队。当遭遇洪灾或森林火灾等危机时，时间紧迫，刻不容缓，三个机构通常组成一个联合团队，集中统一行动。每个人都有指定的角色，一个人负责子任务，从旁推动解决主要问题；一个人则掌握全局，担任危机小组负责人，展现出极高的领导能力，通过询问每个小组负责人掌握情况。联邦国防军里常常这么问：情况如何？而最好的答案是：很糟糕，但是有希望。此刻的不来梅就是这种情况。目前为止，我对危机小组的负责人十分满意，奥尔森具备极强的领导力，同时思想灵活，不教条死板，能够接受建议，目标明确，且定力十足。

　　人们的内心需要一个"安全基地"，根基越稳固，越容易调动力量。即便不在基本信任的环境中成长，也可以学习建立内心的根据地。他人、宠物、爱好、小癖好都属于安全基点，可以加固我们的根据地。换言之，生活当中的"锚"，能够给予力量，稳定内心的根据地，帮助我们更好地应对危机。如果没有

"安全基地",脑袋里的杏仁核就会接管一切,启动战斗或逃跑机制。"安全基地"给了我们选择的自由。

> ### 您的危机导引
>
> 您了解自己的安全基地吗?这些年来,它们有变化吗?哪些基地已经消逝?
>
> - 说出你目前的安全基地。
> - 过去,哪些人和哪些事是你的安全基地?你从其中学到了什么?
> - 您自己是某人的安全基地吗?
> - 您认为在哪些方面采取行动,可以提高未来应对危机的能力?

"你知道吗,施耐德先生,"佐默尔女士在电梯里对我说,"这辈子最糟的就是这周,真是地狱周。"

我点点头,她的生活风平浪静,而我的地狱周就不大一样了。

谈 判
7

地狱之周

  提及特种部队,许多人联想到传说中的边防军第九大队或警察特别行动突击队,几乎每本犯罪小说里都有他们炸毁房门冲上楼梯的身影。每个特种部队的专业领域不同,KSK 特种部队主要针对海外的危险行动;边防第九大队和警察特别行动突击队通常驱车前往通缉犯的根据地;特种突击队则直接在罪犯的地盘上行动。我们必须靠自己的力量,把所有设备放至行动地点,因此执行任务前,我们必须耗费大量时间弄清事态情况。身体和心理压力放大了许多倍,近乎苛刻的要求深深吸引着我。

  美国 101 空降部队举办的某次培训上,我第一次听说特种突击队。一位同样是伞兵军官的同志十分自豪地告诉我,他通过了特种突击队的招募程序,我自然向他询问更多细节。但是,我几乎不敢相信他所作的描述,只觉得他在吹嘘,因为测试难度之大,强度之高,压根不可能完成。

  他似乎也笃定我不会相信,偶尔声音里透出的沙哑哽咽,让我有些动摇,果真如此极端?我的战友证实了这一点:"情况比你的想象糟糕百倍。"他说自己参加过的单兵作战训练,已是许多人的极限,可与特种突击部队的招募程序相比,就是小巫见大巫。

于是我暗暗做着比较,他非常健壮,我也不输。但是他比较擅长跑步,我比较灵活、善于忍耐,很长一段时间,我都想着这个新的特种突击部队。面对不断增加的国际挑战,国家和联邦国防军领导终于做出了回应,必须加入比利时、法国、英国或美国艰难的海外行动。联邦国防军私下流传着一个消息:正在筹备一支德国的精锐特种部队。我的机会来了!我急不可耐,只想立刻、马上、现在就加入部队。特种突击部队的未来目标、军备力量和训练内容完完全全吸引了我。

> KSK 特种部队是隶属德国陆军的一支特种部队,在联邦国防军中发挥特殊作用。当前德国武装部队的作战内容包括国际危机管理、国家危机预防以及国家联盟防御,部分具有战略意义的特殊任务,包括特别侦察和进攻行动,如解救战乱地区的德国人质、逮捕战犯或恐怖分子(直接行动)、为东道国提供培训课程(军事援助)等,无法交由常规部队完成。特种突击部队严格挑选和训练士兵,专职完成上述特殊任务。因此,作为联邦国防军特种部队集团的核心,特种突击部队是国家风险和危机管理的重要工具之一。

我不敢预想测试的结果,应该不可能比单兵作战训练更糟吧。那次训练中我已经了解了自己的极限,总共 25 人,我是通过训练的八人之一。

至于我的身体素质如何？我将各项要求通读一遍，心里核算着确保完成的项目。任职德国武装部队时，我参加军官学校士兵体育竞赛，满分300分，我取得296分的优异成绩，也获得过步兵比赛冠军和单兵作战比赛冠军。除了固定训练，我在日常生活里喜欢挑战性极大的滑雪和山地自行车越野，同时，每周固定进行几小时的慢跑和几次健身锻炼，但究竟能否进入特种突击部队，仍是一个问号。

我被邀请至纳戈尔德参加能力测试。当地部队已经解散，特种突击部队的候选人被安置于此。测试开始，第一项运动是引体向上。测试结束，第一批淘汰人选已经准备收拾行李回家。我不禁无奈地摇摇头，怎能准备得如此不充分？

当时特种突击部队的招募程序大部分借鉴了英国特种空勤团的招募程序。现今，招募程序逐渐与国际接轨，同时参考多国挑选特种部队队员的方式，再删除部分内容、创新部分内容，内部人士称之为耐力测试的地狱周也已准备就绪。

我参加的是特种突击部队有史以来的第三次招募程序，参加的人员无一例外是经验丰富的伞兵、远程侦察兵、山地猎人、装甲步兵，至少拥有几年的联邦服役经历。第一周主要是体能测试，引体向上之后是俯卧撑、跑步、负重行进。心理专家在一旁观察，有时也进行一两个测试。比如"狗、猫、航空母舰，哪一样不适合这幅画"……我很快适应，心情放松，已做好充分的准备迎接挑战。正如巴伐利亚人所说，越野跑、障碍赛、负重行进都不难。

最后一道开胃菜是定向行军，随后，地狱周才正式拉开序幕。首先是臭名昭著的打击训练，灵感来自海军海豹突击队的招募程序。

我们带着一周的繁重行李，精神饱满地出发了。几千米后，我们遇见第一个难关：一只笨重的大箱子，上面附着一封请柬——随身携带。

我们捡起路旁的石头填满箱子，紧接着思索如何挪动它。随后，我们用树枝和绳索搭成一个担架，派出四人抬着前进，我们轮流抬箱，确保始终有一人指挥。

我第一次把它扛在肩上，就感受到脊柱传来的撕裂感。那一刻，我根本想象不到，后面的一路，我们必须额外负担水壶、圆木、橡皮艇、战友以及其他的"物件"。

我们依然轮流抬着箱子，每个人心里都清楚，这是一种情景模拟——穿过敌人的重重包围，把重伤的战友带到安全基地。除箱子以外，每个人还携带着约15千克重的常规行李。就这样，我们穿过森林，翻越山岭，轧过田埂，跨过小溪，蹚过泥泞。一连几天，睡眠不足，食物匮乏，身体疲惫到了极点。有时，我们会接到特殊任务，比如给定时间内在给定地形完成一次行军。正应和了那句漂亮话：游戏没有上限。某次任务是在森林中间设置一个站点，规定必须在极短时间内从该点携带油罐和树枝上山，我们以最快速度扛起罐子，以免罐子"失血过多而死"。我的任务成功了，可是体力彻底透支，似乎下一秒就会跌坐在地，当场毙命。扛着沉重的罐子上坡时，我的心脏剧烈抽动，霎时失去了跑步的节奏，嘴角流出白沫。这不是因为愤怒，而是溢出的唾液与空气摩擦，在嘴边形成泡沫。其他人则呕吐不止，甚至倒地不起，有的战友摔得不省人事。我的肺部似乎在燃烧，手也滚烫火热。我手部的力量一向不强，若持续用手拿着重物，一根轻飘飘的棍子也感觉沉重，手掌根本无法握合成拳头。

眼前一片漆黑，若是铁了心硬是要提起罐子，我肯定会摔倒。可这是最后一个，跌倒也不能阻止我的脚步。

我身体的每一处无不在尖叫咆哮。可地狱周不正是如此？休息次数极少，每次休息都能感觉到浑身乏力。站起来，扛起箱子，继续前进，需要超强的意志力。

于我而言，只有无法继续行动，才是真正的身体疲惫，但这是军事行动的核心。如何发现候选人能否突破极限？给他下达突破极限的任务。换言之，觉得实在无法继续的时候，必须继续下去。通过叠加各种任务，可以发现在睡眠不足、食物匮乏、体力消耗殆尽和心理压力巨大的情况下，人与人的差距显而易见。15千克的东西背上身，一个人已经抱怨连连，另一个人甚至感觉不到重量。我永远不会忘记，一个共同参加测试的人告诉我，他的爱好是跑100千米。作为弗兰肯人，我心想：

真是全能之身！周围全是各路"神仙"，我濒临崩溃。可就在一星期后，这位同志已经躺在家里的沙发上了，他缺乏拼劲。有个旧词十分贴切：咬住不放。不达目的绝不放手。因此，我不相信任何形式的激励练习，要么原本就行，要么根本不行。一匹犁地马再怎么激励和哄骗，也不会变成一匹赛马。

疲惫是怎么一回事儿呢？是全身每一根骨头承受着前所未有的疼痛；是心里的恶魔不断怂恿"放弃吧"，可心里的天使却鼓励向前；是困倦得几乎抬不起眼皮，走着走着就睡着了；是不再清楚自己在行进还是停滞，彻底迷失方向；是四五升啤酒下肚一般的天旋地转，思路却十分清晰；是眼前模糊得近乎一片漆黑；是身上遍布着大大小小的伤痕，自己却丝毫不在意；是肌肉剧烈的抽筋；是差点握不住手里的步枪；是无法思考别人的话语。当年的我正是如此。

有些人选择放弃，于是说："我再也干不下去了。"有时，我的心里也打着退堂鼓，但是成功的背后是意志，印证着特种突击部队的座右铭：意志战胜一切！濒临放弃的边缘，内心依然想多坚持一会儿，这就是最终成功的原因。每一步都是折磨，每一处都在颤抖，肩上的箱子就是受伤的战友，你能睡得着吗？必须继续向前，换作是他也会如此，人人为我，我为人人。

森林深处有一艘能承载十人的充气船，放在这里一定有用处，于是我们扛着它继续前进。为了加快进度，我们得再进行一次快速行军。每一天，我们直立行走的时间长达22个小

谈 判
7

时,最多有两个小时休息时间,有时不做任何休息,有时需要分头行动。我们随身携带补给,或者接到赚取补给的任务,即在规定时间内找到食物的藏匿地点,若完成不了任务,就什么都得不到,大家就会互相分享食物。人人为我,我为人人。没有人真正吃饱,但睡觉往往比吃饭更重要。按照打击训练的惯例,我们直接在补给点的树丛里睡觉,以便藏身,不必东奔西跑。搭建帐篷,铺上睡垫,拉起警戒线,挂好洗完的衣物,就可以休息 30 分钟。 刚坐下喝几口水,吃一块面包和一点儿深海鱼油(单人份),就立即陷入了昏迷。尽管疲惫不堪,但是全身上下疼得厉害,我无法真正入睡。士兵从不睡觉,只做休息。

"我不干了。"另一个人说。第二个人内心挣扎一番后,也站起来说道:"我不想再心存侥幸了。"然后回归原部队。

没有人取笑他们,相反,每个人十分理解。大家心里都想着:放弃吧,不干了,干不下去了,放弃就不必再拖着个大箱子了。可是,我依然想带着受伤的同志继续前进,带到他的目的地,他的目标就是我的目标。

训练期间,从来没有一个人烦扰我,无论他们境况多糟。一人身上起了水泡,靴子里卡着生肉;一人肩膀生疼,无法动弹;一人呕吐不止;一人强忍着胃痉挛。其实,我们所有人都是公务员,领着公务员的工资,有些人只是临时工,这就是我们公务员的生活。

教官、心理专家在近处和远处观察，负责评估我们的身体状况和精神状况，包括应对挑战的处理方式、面对冲突的解决能力，以及是否具备积极品质、领导能力、助人精神。同时，判断候选人是否退缩不前，是否全力以赴。最关键的是评估我们的抗压能力和应对危机的能力。

教官和心理专家将评估情况上传至选拔委员会。通过所有测试仍有淘汰的风险，理由可能是团队协作能力不足或心理素质不强。

几千米的快速行军后，我们拖着疲惫的身体到达目的地：一个军营。我们被直接带进教室，开始最后的心理测试。结束后，必须在规定时间内完成定量的算数和逻辑题目。这是测试高压、疲倦和饥饿情况下的思考能力和认知恢复能力。

"辛苦了各位。你们已经完成了第一阶段的全部测试，明早我们会告知最终考核结果。现在，请你们脱下装备，清理武器，养好身体。明早6时起床，7时报到，再进行后续安排。还有什么问题吗？"

我们哪还有问题，只有满到接近溢出的成就感。这是一段特殊的经历，没有人会说：也就这样而已。

共有35人参加第一阶段测试，只有七人通过，这只是特种突击部队的第一道关卡。接下来，我必须在射击考核、近战考核和战斗生存中证明自己。

我原属茨魏布吕肯263伞兵营，回来时，副指挥官热情地迎接我:"天哪,施耐德,你瘦了不少!"随后亲切地拍了拍我的肩膀。

这是家的感觉。

> ## 您的危机导引:八个要点
>
> - **保持尊重**
>   希望别人如何待你,就如何对待别人。不尊重可能引起对方的冲动行为。
>
> - **保持距离**
>   始终与变化的事态保持一个安全的距离。
>
> - **无视挑衅**
>   若心里感到颜面尽失,就会恼羞成怒,拉低自己。
>
> - **创造良好天气**
>   尽可能向对方发送信号,表示理解。例如,绑架者说今天很热,我们只需表示赞同,尽管实际气温在零下10摄氏度。
>
> - **积极沟通**
>   绝不向对方表达难处,任何事情都可以解决,我们乐意倾听对方的诉求。
>
> - **缓和态度**
>   以提问的方式软化对方的态度。为什么是这样?为什么不是那样?什么程度才算合理?诸如此类。

- **适当退让**

  让步绝不等于软弱,而是代表着力量!

- **抛却压力**

  永远记住:压力消耗着体力和精力,是一种软弱的表现,让我们的目标难以实现。

8 生命的证据…

不来梅

10月25日下午2时

地点：小会议室

到场人员：麦肯罗斯、霍尔费尔德、施耐德

没有生命迹象，就绝不谈判！生命迹象是进行谈判的先决条件，可以通过任意形式发送，但是照片必须包含本人和当日报纸。驾照或身份证可能遗失或被盗，不能作为人质还活着的证据。某些问题，只有人质知道答案，也可以视为证据。但是不应提出复杂的问题，人质可能处于震惊或受伤状态，无法回答复杂问题。我在处理案件时，希望发言人可以亲自与人质交谈，理想情况下与所有人质对话，必要情况下只与一个能够提供其他人信息的人质对话。此时此刻，希望船长可以做到这点。

下午1:45，我和麦肯罗斯坐在小会议室里开始等待电话。"这会变成固定的中午工作时间吗？"他问，"我们每天都在这里碰面。"

"建立固定联系之后，可能会间隔几天。"我回答，接着说，"目前的首要任务是了解情况，关键是确认对方的身份，是手握人质的绑架犯，还是浑水摸鱼的骗子。"

"真是恶心人。"麦肯罗斯有些怨言。

"这就是人生。"霍尔费尔德埋在报纸后总结发言。他带着周末新刊的《法兰克福报》《南德意志报》《时代周刊》和《世界报》，显然已做好漫长等待的准备。

14:10

"也许他们今天根本不会打电话过来。"麦肯罗斯说。

"有这种可能性。"我回答道。

"可是昨天进行得很顺利。"

"昨天很顺利，不能说明任何问题。"

14:20

"如果他们没有打来电话，怎么办？"

"就这么办。"

14:30

"他们是不是出了什么问题？"麦肯罗斯问。

"可能性很大。也许发言人已经死亡。"报纸后传来了回答。

"那我们就得重新开始。"

"没错，我们必须时刻做好重新开始的准备。"

14:40

"我们究竟要在这儿等多久?"麦肯罗斯有些不耐烦。

我回答:"到下午 4 时。"

"之后怎么做?"

"你随身携带手机,如果绑架犯联系你,第一时间通知我。"

15:00

"我们不如利用这个时间,再熟悉一遍对话内容?"麦肯罗斯问。

我欣然同意:"当然可以。"

麦肯罗斯清了清嗓子,开始说起来。他将我的指示复述得几乎分毫不差。我以前就说过,此人是一个优秀的无线电报员。霍尔费尔德也放下了报纸,认真听着麦肯罗斯讲话。

"我已经记在心里了。"我说。

"我也是。"麦肯罗斯咧嘴一笑,"你知道为什么吗?昨晚我才在邻居身上实践过。我们因为花园里一个约三米高的树篱起了一些争执。"

"然后呢?"我问。

"我完全按照你提出的危机策略进行谈判。结果,他准备星期六把树篱修剪到两米,我终于能看到日出了。"

"完美。"报纸后面的声音似乎在喃喃自语,不知他说的是日出,还是报纸上的文章。

战场美文

15:15

"我能问你一些私人问题吗?"趁着霍尔费尔德不在的间隙,麦肯罗斯问我。

"你问吧。"

"你现在的身体状态还像特种突击部队时期一样好吗?"

这个问题出乎我的意料。不等我做完对比,麦肯罗斯又问道:"你可以做几个俯卧撑?"

"有多少做多少。"我说。

两人一齐笑了起来。

没一会儿,麦肯罗斯又开口说:"我还有一个问题。"

莫非是问我能否做引体向上?

可我猜错了,麦肯罗斯想问:"如何才能清晰准确地表达自己?如果不是发言人的工作,我恐怕不能如此简洁、有力地表达。工会的做法完全不同,我们倾向于理解和包容,最好充分利用语言,让员工感到舒适。你一定是在联邦工作时,养成了简洁、客观的说话习惯,是吗?"

我笑了笑,回答:"没错,我在部队里学的,这可没那么容易。"

回想起年轻时参加候补军官的课程,我第一次下达命令,只想着尽善尽美,于是说道:"穆勒,你现在做……迈尔,你最好在这里吹哨。胡贝尔,我想请你在前面那棵树就位。"

中士雷鸣般大吼一声,打断我:"施耐德!闭嘴!我不想听到战场美文。你是在下达命令,不是在讲小说故事。"

我记得一位教官,他成功让我们放下了客套。某次我说:"我现在想从 A 去 B。"他说:"教皇才有尊严。你从 A 到 B,或者不走,两种情况都不需要尊严。"

麦肯罗斯看着我,疑惑不解。记忆中第三次下达命令时,我放大音量,对一个战友说:"胡贝尔,请你走到树边,靠着右边那棵树趴下,越过草地向右下方的窗户射击。"

正确命令应是:"胡贝尔,选好位置,方便向右下方的窗口射击。"这就是命令策略,士兵需要独立思考,如何行动才能实现目标,而不是盲目服从命令。其前提条件是士兵必须知道主要目标。我们在特种突击部队就是这么做的。

麦肯罗斯笑了。

"'请'和'谢谢'可以省略,"我接着说,"发号施令最好掷地有声、声音洪亮,确保在炮火中能够传达到对方的耳朵里。命令不必委婉,只需简短干净、直截了当、清晰明确。情况紧急,根本没有时间讲究礼貌。我的一位战友曾说:粗俗地活着总好过礼貌地死去。"

麦肯罗斯皱起眉头,思考了一会儿,随后问道:"可是,施耐德先生,如何区分生活和工作?拿我自己当个例子,我的妻子时常对我说,'托马斯,我们不是在开工会会议,而是坐着吃早餐'。"

现在,轮到我笑了起来。麦肯罗斯说到点子上了。"当然分不清,离开部队这么多年,时至今日我还一次次这么说话。通常进入房间自我介绍时,我会大声清晰地说:'下午好,我叫施耐德。'然后有力地握住对方的手。有一次,对方悄悄跟我说,感觉我雄赳赳气昂昂地走进来,差点将他的手捏碎。"

麦肯罗斯笑得十分大声。

"这是怎么一回事?"霍尔费尔德回到会议室,语气间略带恼怒。

麦肯罗斯回答:"情况很糟,心情却很好。一切正常,没有任何异常情况。"说完之后,他咧嘴一笑。

霍尔费尔德翻了个白眼。这时,电话响了。他们迅速恢复正经。

15:21

"喂,我是约翰。"

"我是皮特,你好吗,约翰?"

"很好。你听好,船长在我身边。"

"太好了。"麦肯罗斯说完,又悄悄补了一句感谢。我们不能过度礼貌,对方可能得寸进尺,"我得和他通话。"

"可以,只能简单说几句,不要长篇大论!"

"好。"

紧接着电话那一端传来一阵杂音。

"喂?"

"喂?"

"我是船长科巴连科。"

"我是皮特。你还好吗,船长?"

"还好。"

"说英语!说英语!你们两个!"约翰插嘴命令道。

"好的,好的。"科巴连科轻哼一声。

"所有的船员都还好吗?"

"是的,情况……"

"英语!"约翰吼道。

"他们还好,总体来说都还行。"

"你的狗叫什么名字?"麦肯罗斯问他。当然,我们需要证明对方是科巴连科船长无疑。如果问他妻子和孩子的名字,绑架者轻易可以查到,因此佐默尔女士早早收集好这些信息。

"科尔亚。"船长回答,他的声音断断续续,终于再也崩不住情绪,抽泣着重复道,"科尔亚。"短短几秒时间,我们感受到他内心浓郁的绝望。

8

约翰把电话抢过，说道："够了！说得够多了。"

"谢谢你。"麦肯罗斯说，以前的他必定说不出这句话。

"现在可以谈生意了吧。"约翰要求道。

"你想要什么？"麦肯罗斯问。

"四亿美元。"

"我们没有这么多钱。"麦肯罗斯回答。

"不能讨价还价，四亿！"

"我们是一家小公司，能不能开一个合理的数字。"

"我们要四亿，否则就杀了这些船员。"

麦肯罗斯的脸色通红，汗流浃背。他挣扎着开不了口，本能地想要反驳，却又振作起精神，眼神直直盯着剧本。

"听明白了吗？"约翰大喊。

麦肯罗斯恢复了镇定，说道："我们明白，你们手里有船员，请保证他们的安全。"

"你和船长通过电话，应该知道。"

"但是我们需要一个现实的数字。"

"四亿不夸张。"

谈话内容兜兜转转，毫无进展，我示意麦肯罗斯结束通话。

"我得和老板谈谈。"麦肯罗斯暗示对方结束对话。

"我会再打电话过来。"

"明天下午 2 时。"

"也许吧。"

随后，约翰挂断了电话。

麦肯罗斯拿着听筒，满身是汗。他试图缓和情绪，可说出的话却干巴无味："恐怕今天不必健身了，直接去洗澡就行。"

随时待命

按照昨天的做法，麦肯罗斯把手机带回家。现在他必须随身携带，绑架者很可能不会遵守约定的时间。在确认人质生命安全之后，可以稍微放松一些，不必接听每一个电话。约翰确实是绑架犯之一，不是浑水摸鱼的骗子。或许我们可以教育他，遵守约定的电话时间，确切说是他的老板，约翰只是发言人。

我希望这帮人不是业余的，至少老板是个职业绑架犯，否则，我们将面临很多困难。例如，约翰喝醉或嗑药之后，可能会不经老板指示打来电话；或是老板示意约翰，把赎金价格抬高到五亿。

酒精和毒品大大提高了谈判的难度。一个索马里的案子，那帮人咀嚼了几千克的毒品，中午就彻底丧失了谈判能力。我们不得不把谈判时间定在早晨，否则第二天他们就忘了谈判内容。饥饿也是谈判的克星，饱腹状态有助于人们保持情绪稳定，饥饿感则使人们绷紧神经，催化负面情绪。关键时刻，我们很难将每一件小事考虑到位，可往往是某些小事决定了谈判的成败。

您的危机导引：话语清晰，展现勇气

现今，不单是政治领域，日常生活里人们几乎不再使用清晰的话语，越来越缺乏明确沟通的勇气。我们更喜欢用简讯沟通，或者干脆拒绝沟通。为什么？原因可能是我们正在失去勇气，忘记如何直面对方交谈互动。我认为勇气和交谈是良好互动的一部分，也是成功应对危机的一部分。部分人群，乃至整个社会，似乎缺少了一股精气神，不做承诺不是一种生活态度，不会给我们带来快乐，反而会陷入困境和失去的恐惧。例如，在没有失去工作前，我们拥有公务员退休金，不必烦恼，无忧无虑；一旦失去工作，我们就焦头烂额，长痘、脱发。再比如我们玩滑板时也会戴上头盔。恐惧、绝望、不承诺、沉默统治着这个时代。挺身而出承担责任，助他人一臂之力，甚至变成一种优点。我们鼓励话语清晰，展现勇气，从小事做起，如开一辆不是纯电驱动的保时捷。

9
绑架犯的策略...

我向危机小组作了对方确实是绑架者的报告，大家都感到十分欣慰，谈判阶段正式开启。

"他们会不会杀了船长？"奥尔森问，"毕竟我们已经确认了人质的安全，他就没有用处了。"

"谈判过程中我们会不断地向对方确认人质的安全，"我解释道，"尤其是谈判结束，交接赎金前。"

"那就好，那就好。"奥尔森喃喃自语。随后，他问我麦肯罗斯先生作为发言人状态如何。

"他已经做得很好了。再给他一点时间，肯定能更加适应角色。"

"有什么明显的不足之处吗？"克鲁格好奇地问。显然他很羡慕麦肯罗斯可以与绑架犯联系，也希望自己可以担任发言人。

"没有什么不足。"我的回答让他有些失望，"麦肯罗斯先生有些过分客气了。这不一定是缺点，也许是一个优点。毕竟谈判刚刚开始，我们还不够了解对方。"

"下一步怎么做？"法律顾问询问。

"准备下一次谈判的剧本，目标是赎金至多 200 万美元。"

法律顾问显然不太相信："从四亿谈到 200 万？他们不会同意吧？"

"想必需要一番博弈，"我回答，"他们一定会使出各种伎俩掏空我们的金库，但是我们不能让他们得逞。"

"他们究竟有什么把戏？"奥尔森问道。我细细向他们做了解释。

时间因素

犯罪分子可能无限期地拖延谈判进程，甚至终止谈判，让我们承受巨大的压力；他们也可能突然加快谈判速度，一天与我们展开多次对话。回归正常的最好方法是表现得不受任何影响。相对地，我们也可以利用时间因素。绑架犯的压力更大，藏匿人质时，每小时他们都面对着被警察、军队、敌对帮派发现的风险。在较短时间内获得尽可能多的赎金才是他们的目标。另外，罪犯之间可能发生争执。下属碍于命令无法自由活动，也没有明确期限的工作时间，最终选择叛变。部分人脱离组织，企图带着全部或部分人质逃跑，再单独与我们谈判。帮派头目心里清楚这些可能性，因此，选择充分利用时间因素，让自己处于有利地位。

我们需要时间准备赎金交接，只要人质无须紧急的医疗援助，我们就具备绝对的时间优势。但是，必须考虑到尼日利亚恶劣的丛林条件和绑架犯报复行径，是否对人质造成身体和心理的创伤。同理，绑架犯也情愿回到温暖的家里，而不愿面对一群咄咄逼人的同伴，冒着随时被捕的风险。

附加协议

绑架犯试图达成附加协议，向我们施加压力。例如，拒绝提供人质生命迹象，或者额外支付赎金才能得知生命迹象。绝不能向任何附加协议妥协，只有提供证据，才能继续谈判。证据是谈判的基本条件，我们不支付额外费用。另外，很多绑架犯试图把全体人质的赎金变为个别人质的赎金，即原本所有人质的赎金是 X，绑架犯却突然要求某个人质的赎金是 X。必须在谈判开始就明确表示，我们只支付所有人质的赎金。总而言之，除非对我们有利，否则我们不接受任何额外的附加协议。

威　胁

我们必须做好应对威胁的准备，否则只会措手不及，改变计划仓促展开行动。绑架犯通常以人质的状态不佳作为威胁，这点很难核实，因为人质的头上可能顶着一把枪，被迫在电话里做出各种陈述，没有任何手段可以分辨对话的真伪，将给我们带来巨大压力。另外，绑架犯可能以处境困难作为威胁，若藏身之处被发现，警察冲了进来，人质的生命就岌岌可危。

绑架犯也可能威胁要残害或杀死人质。我们的应对方法是，不理会间接威胁，仅回应直接威胁，包括以下几种：

- 我们表态，已经了解人质的情况，务必认真对待谈判。
- 我们做出承诺，尽全力达成协议，这样的威胁百害无一利。
- 我们告诉绑架犯，已经知道他们手里掌握着人质的生命，可威胁不是解决的方法。
- 我们提醒绑架犯，他们有照顾人质的义务，并希望人质得到善待。若人质受伤或死亡，我们绝不支付赎金。
- 立即要求在下一次谈判时提供人质的生命迹象。

威胁是一个危险的阶段，在保持态度、表明立场的同时，我们需要维护犯罪分子的尊严，始终以尊重的态度对待他们。一旦绑架犯感觉失了颜面，可能会在关键时刻施加威胁。为此，发言人必须具备语言的艺术，发挥说话的技巧。

恐怖电话

绑架者可能要求不定期通话，那么我们不得不一天24小时随时待命。因此，我们果断拒绝这个要求，参照上文的做法，提供一个固定的通话时间。否则，发言人将耗费巨大的精神和体力等待电话。绑架者此举的意图正是施加压力。

但是，我们不必直接拒绝，导致得罪绑架犯，可以告知对方，必须保证公司业务正常运行，才能确保赎金尽快到位。

中断联系

中断联系指暂时的停止联系，也可以视为暂停谈判。一种情况是绑架犯有意切断联系，将其作为一种施压的战术策略，威胁对方。另一种情况是受到外部因素的影响，不得不中断联系。例如，绑架犯或发言人死亡，或存在安全风险，需要转移藏身地点。

中断联系可能是一种战术策略，绑架犯对之前的谈判十分不满，采用中断联系的方法，为了得到满意结果或加快谈判进程。若我们对此表现出惊吓和慌张，对方就会进一步行动，达成目的。因此，我们必须表现得不受任何影响。

中断联系也可能不是战术策略，只是不得已而为之。例如，帮派战争导致一名或多名绑架犯死亡，再无音信；警察发现营地并追击绑架犯，绑架犯无暇与我们联系；发言人被杀，领导层失去了联系方式；部分领导层被杀，其余人群龙无首，不知如何谈判；等等。若绑架犯集团不愿面对过高的风险，甚至可以把人质卖给另一个集团，而不告知我们，潇洒转身离开。那么，我们必须重新开始，面对全新的谈判对象。

残忍施暴

绑架者可能向我们发送人质浑身是血、四肢被捆绑的照片，或人质卑微求饶的音频，抑或是人质惨遭折磨的视频。不论是哪一种，都难以忍受。人质的心里疑惑不解，为何公司对他们的困境漠不关心？部分的虐待行为只是演戏，比如使用动物血冒充人血。其余则是真实行为。最极端、最痛苦、最冲击人心的是零碎身体部位的画面。

真实案件里，绑架犯极少真正残害人质，大多是威胁或演戏。若绑架犯真的将人质肢解，往往会在事后出乎意料地让步，因为他们本无意伤害人质，常常是玩过了火。公司应该明确抗议任何形式的暴行，并立即要求新的人质安全证明，同时，绝不增加赎金，绝不让绑架者心存侥幸，提醒他们，务必确保人质完好无损，否则就拿不到赎金。

博弈还在继续

作为工作的一部分，我向在场诸位解释了犯罪分子的策略，听罢，他们的脸上失去了血色。

"我们有什么办法防止这类情况呢？"奥尔森问。

"按照规则行事。"我解释。

"什么意思？"詹森问。

"以不变应万变，要有耐心。"

"这是什么游戏，简直烂透了。"克鲁格嘟囔着。

"没错，我们知道对方的战术策略，所以我们会是最后的胜利者。"我十分自信。突然，我想起了一件往事，犹豫着要不要说出来，最后还是咽了回去。

当时，我刚刚跳槽，成立公司，准备向一家全球公司推销业务。该公司的总部建在欧洲一个大城市的玻璃宫殿里，可我和同事们被带进地下室，对方让我们坐在密不透风、闷热不已的房间里等待。15、20分钟过去，还不见对方的踪影，显然，这是一个打击策略，通过简陋的环境攻击我们的自信心，从而降低价格。这种做法十分恶劣，我已经对还未露面的商业伙伴产生了反感情绪。我不断地问自己：我能够承担起这份合同吗？于我而言有何利害关系？最后，所有的问题归结为我是否愿意接受这种"伙伴关系"？尽管开局不利，可我还是能够制订游戏规则并取得领先，因为我已经看穿了对方的策略。

> **您的危机导引：看穿敌人，攻其弱点**
>
> 对方使用的策略，我们总能看穿一二，可绝不能产生思维定式，必须做好心理准备，接受赎金谈判可能十分困难这件事。对方会用什么理由？我应该如何应对？实践出真知，充分准备是成功的前提条件。因此，我们应该尝试主动识破对方的动机，被动应对或毫无准备，只会让自己陷入不利的境地。面对领导问话和危机最有用的方法就是创建关联图。中国哲学家和军事战略家孙子有言："知己知彼，百战不殆。"

10
例行公事的风险…

不来梅

11月3日

距离发生海盗劫持事件已过去了3个星期，公司渐渐形成了某种惯例。危机处理小组上午和下午分别开一次会，小组成员报告分管领域的最新动态。目前为止，一切顺利，我们已经开始赎金谈判，与绑架犯团伙的发言人约翰的通话取得了不少成果，且固定在下午2时进行通话。电话中，双方通常先问候一句"你好吗"，作为简短的开场白和交换信任的措施，再聊聊当天的天气状况，之后正式开始谈判，主题围绕着绑架案的昨天、今天和明天的情况。

"4000万美元。"约翰向麦肯罗斯开价后，又照例威胁人质的生命。我们已经取得了可观的进步，从最初的四亿赎金降到4000万。

"我理解你的要求。"麦肯罗斯语气缓慢，目光始终投在我的身上，我点点头。他接着说："我会把这个消息转达给老板。"我再次点点头表示肯定，"但是我现在不能给你报价，我必须和公司领导谈谈。"麦肯罗斯的语气越发坚定。

这个回答自然让对方有些不悦，无奈必须遵守规则，即一次谈判内不能直接还价。双方再来回折腾了一阵，就结束了通话。"我们明天下午，2时接着谈，再见。"

麦肯罗斯按照剧本结束通话。交谈中，他透露了一些个人信息，看似无意，实则经过精心的设计，我们试着在掩饰自己的情况下，引诱对方发言人暴露自己，这是谈判的最强策略之一：伪装开放。按理说，对方不应该知道我们的意图和动机，可我们让他相信，他似乎窥到了一二，于是沾沾自喜，放松警惕，暴露自己的意图和动机。但是，双方在同一个赛道上竞争，这种猫鼠游戏必须建立在信任之上。为此，我们尽可能寻找共同点。最基本的共同点是，我们都是人，我们希望活下来，愿意以最好的方式解决这场危机。对于双方而言，哪些是好的，哪些可以避免。我们强调的始终是共同点，而不是对立面。

我们不了解绑架犯团伙的发言人，问不出"你妻子之前得重感冒，现在痊愈了吗"这种具体的问候，所以常使用套话表示同情和关心。但是，我们必须避免空话和套话，它们无益于进一步对话，只是表现了敷衍、赶工的态度。正确的态度应该是，你可以实现你的目标……我们也一定会实现我们的目标！双方都想摆脱困境，回到家人身边，不是吗？麦肯罗斯必须坚持正确的态度，我反复提醒他，只按经验办事十分危险。一旦事情进展顺利，放松警惕，就会摧毁信任。信任就像薄薄的一层纸袋，脆弱易破，必须小心保护。因此，每一秒都必须保持警惕和专注：约翰今天的状态如何？和昨天有区别吗？发言人是绑架犯营地情况的一面镜子，听懂他，我们什么都能知道。

经验显示，谈判时间越长，专心程度越差。对于特种突击部队而言，这可能是一个致命的错误。监视是特种部队或警察最难的任务之一。

监视的目的只有一个：把握全局，获得最核心的情报。监视耗费大量的时间、金钱和精力，存在暴露的风险，在一切风平浪静之前，尤其考验监视者的耐性。有时，两方互不了解，于是双双派出监视者，互相观察。例如，情报部门和军事部队严格分开执行任务，就可能出现上述情况。

谈判进展顺利，可我绝不会轻易下结论：这个案件没有任何问题。炸弹随时都有可能爆炸，注意力松懈可能会犯下致命错误。奥尔森始终带着亲和力，领导危机小组，每隔一段时间，他都不忘感谢成员，感谢他们处理日常事务之余，还为解决危机劳心劳力。因此，成员们保持着高度的积极性解救人质。佐默尔女士一方面与人事处保持密切联系，另一方面在奥尔森的授意下，关心人质家属。我从未见过这种程度的关心，奥尔森不希望家属们感到难过，甚至在没有保险的情况下自掏腰包，照顾家属的起居。这个决定十分明智，因为人质家属一旦感觉不佳，丧失对公司的信心，就会自发采取行动解救亲人。这往往雪上加霜，甚至亲手葬送人质的性命，对公司造成不可挽回的损失。

10

冯·斯腾伯格女士在新闻部巡视了一圈。目前为止，一切保持着平静。没有爆出任何关于绑架的消息，航运公司的新闻板块里只字未提。这是好事，一旦沾染上绑架案这三个字，即使公司没有责任，也会留下污点，降低形象。同时，合作伙伴将对公司的偿付能力打上问号。公关部门负责人草拟了一份文件，专门应对事件泄露。首先，要求新闻机构扣留消息，关乎人质生命，大部分机构同意暂时封锁消息。若绑架犯逼迫新闻机构公开绑架案，则可以通过记者朋友，发布关于某一地区增加警力的类似文章，向犯罪分子施压。但是在那一刻，我没有想到这种方法。

法律顾问詹森忙着转账赎金一事，安全顾问克鲁格则急着组织交接赎金的团队。此外，两人还处理了释放人质所需的其他"琐事"，如人质的出入境文件。人质并没有被官方承认进入该国，因此，必须在证件上盖一个入境章，才能在释放后离开该国。这离不开大使馆的支持，这项工作可能需要花费大量时间、金钱和精力。

谈判工作总体而言十分顺利，最初的激烈情绪已经平息，一切秩序井然，风平浪静。绑架犯团伙的发言人约翰通常在下午2时至3时打来电话。我们约定下午2时，也算是遵守了电话时间。

霍尔费尔德始终提醒我们，保持警惕。情况看似安全，实则暗流涌动。他与几个国家的当局保持密切联系。我们对约翰和绑架犯团伙仍然知之甚少，只有一个线索——他的声音经过分析，显示曾出现在另一起绑架案中。这是一个好消息，至少我们的对手是职业绑架犯，不会轻易犯错。这背后存在两种可能性：其一，他的老板也是职业绑架犯；其二，约翰可能是职业发言人。

霍尔费尔德认为还有一种可能性，即约翰是决策人之一。但是，我们缺乏证据，不了解对方的团队组织结构。犯罪分子的领导者通常是最暴力的人，而不是最聪明的。私营企业的老板通常不是领导能力最强的，而是擅长优化流程和削减成本的人。若下属不愿忍受压迫，就会挑起"兵变"，危及老板的"安全"。因此领导者能否稳坐高位，至关重要。政治上，人们为了避免争斗，常常选择保留不合适的领导人。

我们还请了一位心理学家，是佐默尔女士的老朋友，我认为他有助于缓解发言人的心理压力。但是，麦肯罗斯在一次次通话过程中，逐渐适应了发言人角色，并越来越有信心。我还注意到，前期准备时间明显缩短，麦肯罗斯不再焦急等待电话，还会在通话前买杯咖啡，通话后的脸上只有薄薄一层汗。但是，他没有放松警惕，甚至巧妙地运用话术。例如，他跟进一句看似不经意的话语，或是对约翰的喜悦表现出极大兴趣，成功引诱出约翰的真实动机。动机十分关键，了解动机，才能控制对方，提供对方想要的东西。

某个通话中，约翰隐晦地表达了想念家人，不愿待在营地。

可这是工作，他必须为家庭挣钱。

"我十分理解。"麦肯罗斯回答。若不是认识他已有一段时间，连我都几乎相信了他的话语。他乘胜追击："是的，这对你来说太难了。"听起来，他似乎完全理解约翰的处境。随着一段时间的接触，优秀的发言人甚至能够让对方依赖他解决问题，这种要求未免有些苛刻，能够认识并理解对方的问题，已经是一位优秀的发言人。

是的，麦肯罗斯已经成为一名专业的发言人。作为发言人，他理解约翰，但是作为普通人，他绝不能对绑架犯共情。正如他所言："这个道德化的世界能够为每一种行为找到借口，即便是柏林格尔利策公园里的毒贩子，也有一群人维护他，"他双手比出引号的手势，接着说，"可怜的家伙，一定是走投无路才选择卖毒品的。"

我点了点头，说道："环境决定行为，多么无敌的借口。"

不稳定因素：人

绑架案发生第四周，我每天下午1时与托马斯·麦肯罗斯碰面，讨论电话剧本。我内心惴惴不安，担心着事件升级，情况恶化，虽然这些暂时都还未发生。处理危机成了一种日常工作。我们已经将赎金谈到了2000万美元，与最初的四亿相比，成绩可观，可距离目标200万美元还差着一位数。

但是奥尔森开始有些不耐烦，每天都问我一遍："要拖到什么时候？"冯·斯腾伯格女士面对记者的采访，表现得十分紧张，因为他们想挖掘消息："你心里是不是有什么事儿？"

佐默尔女士似乎也遇见了糟心事，她说，一位家属怀着身孕，情绪崩溃，要求立即与丈夫通话，否则就向媒体表示，航运公司没有采取任何措施解救人质。

有一个好消息，他们找到了转账汇款的渠道。公司合作过的其中一个贸易伙伴，认识尼日利亚一个自由职业者，主营商业代理。确认可靠后，经协商，他同意接收这笔钱，并取出现金交给我们在尼日利亚当地的交接小组。交接小组的成

例行公事的风险

员由我推荐的一家英国保安公司组织,我之前与他们合作过,知根知底。他们收到赎金,将会带着公司的武装力量一起前往绑架者指定的地点。必要情况下,他们会乘船进入尼日尔三角洲。

赎金交接往往是一场狩猎游戏,交接小组需要多次更换车辆,甚至更换交通工具,从汽车到船再到直升机,这个问题不难解决。如何让赎金进入尼日利亚才是关键,眼下难题已经迎刃而解。危机处理小组一时间弥漫着轻松的氛围,奥尔森甚至发表一番演说,开启一瓶香槟酒,感谢员工的出色工作。他看着我开玩笑说:"没有你们的帮助,我们买不起这瓶酒。"

"现实一点吧,施耐德先生可没有什么大公无私的精神。"詹森试图拉回大家的理智。这个詹森,可真是死性不改,我已经习惯他的冷嘲热讽。

11月7日,绑架案发生第38天,同时发生了几件大事。每隔一段时间,我们要求对方提供人质的存活证据。我们与约翰保持着相当稳定的联系,对方已经让九名人质都在电话里说了话。不,是八名,对方迟迟不肯回应我们与斯穆特通话的请求。我心里有些不安,却可以理解,斯穆特是厨子,需要为船员们和整个营地做饭,自然抽不出身。我相信,若斯穆特出了事,其他人质必定会通过电话暗暗传递消息。经过这么长时间的友好接触,知道这个消息不算难事儿。

电话在这天下午2时23分响起,约翰越来越守时,我们第一次听见了斯穆特的声音,正式与他进行通话。霍尔费尔德为他的妻子庆生,破例不在现场。

斯穆特自己要求与我们通话,十分反常。他能得到绑架犯的准许,想必是花费了巨大的功夫。

"救命!求你们救我!我会死在这个该死的丛林里……我想回家……我想看看妻子和孩子……我要死了……我现在就要自杀……"他对着电话绝望大叫,泣不成声。

麦肯罗斯拿着手机的手在颤抖,他睁大眼睛看着我,再盯着剧本,上面没有一个字能够指导他怎么做。接着,约翰试图从斯穆特手中夺走手机,他对着斯穆特大声呵斥,两人似乎做了一番缠斗。斯穆特声音高亢,喊着,他无法忍受在营地多待一天,若我们还不救他,他就自杀,他可不缺刀具。说罢,他歇斯底里地笑了起来,我们才知道,这帮家伙不喜欢他做的食物,每天都要殴打他一顿。可食材如此差劲,做出来的饭菜又能好到哪儿去?听筒那端传来几下拍打声,紧接着便是低沉的呻吟、压抑的咒骂和粗重的喘气。

麦肯罗斯的手颤抖得十分厉害,手机在他的眼睛和后脑勺之间不断晃动。

斯穆特的精神崩溃了!稳定局面! 我迅速在纸上写下这几个字,再把它举起。麦肯罗斯的眼神直直盯着纸张,随后放下手机,离开了房间。

斯穆特似乎躺在地上持续大声喊叫,约翰在一旁疯狂咒骂,听起来，两人仍然纠缠着互相搏斗。随后是一阵欢呼声。

这样的场面我从未经历过。目睹如此极端的场面，正常人都会表现出一定程度的紧张和崩溃。

握　手

一天，卡尔夫军营里，士兵们在运动、射击，进行个人训练。敲门声响起时，我正忙着处理文件。

"请进。"我说。

一个士兵站在门口。"施耐德，"他说，"我需要和你谈谈。"

"欢迎，进来坐吧。"

他似乎饱受困扰。我想了想，认出了他。他是经验丰富的上士，前伞兵，身体素质不是一流，可做事一丝不苟，冷静沉着，踏实可靠，为人真诚不做作，不爱瞎打听。他有什么困扰呢？

"我碰上了麻烦。"他犹豫不决，不知如何开口。

"什么？"我问。

他清清嗓子，开口说出一些完全出乎意料的事情："我的妻子患上癌症，医生告诉她，没法治疗了，只剩约六个星期的时间。"

我的嘴巴张开闭合几次，却不知道该说什么。此刻，面对从未经历过的情况，我的脑袋里一片空白，他就这么坐着,等待我说下一句话。他为什么可以如此平静?我的眼眶湿润,不论如何坚强,一旦沾染上人性,我们都是懦夫。他早就知道这一切,已经接受了事实。可是我一时间该怎么接受呢?我仍然开不了口,找不到恰当的语言。说抱歉显然不合适。我始终学不会处理感情问题,所以常常用坚硬的外表包裹脆弱的内心。

　　他见我还是不知如何开口,于是说:"我想请特殊假。"

　　听罢,我似乎有了着落和方向,立刻准假!不必征求长官或指挥官的意见,我会承担全部责任,在心理上同样无条件支持他。一瞬间,我感觉,应该说些什么帮助他,可是他才34岁,年轻的妻子即将离去,往后的命运艰难。难道我该说:"没关系,你会再遇见有缘人。"我甚至想问他有没有孩子。闭嘴吧,施耐德。

　　我起身握住了他的手,久久不肯放开,这里面倾注着我所有的热情,希望他能明白。众所周知,士兵们常常沉默寡言,只是用一个手势示意对方:面对危机,你不是孤单一人。我们需要这种支持,语言并不重要,重要的是实际行动和妥善处理。我们应该让受过伤的士兵回归日常工作,仿佛一切没有发生。

　　第一次世界大战期间,我的曾叔父从战争第一天起就在维尔茨堡的巴伐利亚第二野战炮兵团服役。我阅读过他的日记,服役两年,他的身体和心理受到重创,22岁,他成了所谓的战争应激者。战争持续了很久,他最终变成一个敏感多疑、行为怪异的人。当时,没有心理学家治疗战争性创伤后应激障碍。

内忧外患

麦肯罗斯怎么了？我面对过毅然决然退队的战友，也经历过不少离奇之事。但是，我从未遇见过扔下手机就走的发言人。现在怎么办？

局面不能失控，可眼下不得不让麦肯罗斯先缓一会儿，平静下来，再与他沟通。长时间的危机难免令人绷紧神经，持续时间越长，发言人的抗压能力越差。若谈判时间过长，迟迟不见结果，我们不得不选择快速结束谈判，保护发言人。

为什么偏偏发生在这个关键时刻？那通电话确实极端难忍，可大部分时间里，双方的对话比较放松，约翰已经算是一个态度温和、容易相处的绑架者。过去许多案子的绑架者几乎不说英语，语言粗俗，出口成"脏"，骂句比谈判更多。我收拾着文件，心里十分焦急。我准备给麦肯罗斯一段独处的时间，再请他私下谈谈。地点远离危机现场，不在航运公司，最好是两人散步的时候。我必须找出原因，是最后一通电话，还是抗压时间太长？也许他没有我想象中的坚强。我们无法看透人心，纵使了解人性，也无法避免某些意外。危机与安全环境下，人们的反应不同。危机不仅来自外部，还可能出现在内部。若只是一个小插曲，我会让麦肯罗斯振作起来，提醒他，我们距离目标只有几步之遥。

我把当前情况告知霍尔费尔德，开始准备 B 计划。若麦肯罗斯一蹶不振，选择离开，危机小组就不得不立即任命新发言人，然后通知对方，发言人皮特由于健康问题退出谈判。绑架者可能接受这个说辞，那么一切照旧；绑架者一旦拒绝，我们苦心经营的信任将全盘崩塌。此外，新的发言人需要培训多久？约翰能够接受他吗？我们甚至还面临着一个难题，约翰在这次事件发生后，有可能被老板替换下场。他若是出于好意，擅自做主将电话交给斯穆特，那么后果不堪设想。上一秒，我们觉得一切顺利，开启香槟酒；下一秒，事情就变得扑朔迷离。经此一事，对方甚至可能增加赎金，可我们绝不能接受，必须开始新一轮艰难的谈判。人质回家的道路并不平坦。

我来到前厅，准备进入奥尔森的办公室。他的秘书摇摇头，告诉我老板不在。

"麦肯罗斯先生和他在里面吗？"我问。

她犹豫了一下，点头表示肯定。

"我想进去。"我说。

她抬起手耸耸肩，说道："老板不让打扰。"

"麻烦你试试。"

她思考片刻，伸手拿起电话，按下某个按键。没有人接听。"抱歉。"她说。

我到底该不该进去？那扇门甚至不需要用身体撞开，只需简单按下把手就能打开。在我想着的时候，那扇门像被施法似的自动打开了，麦肯罗斯一脸心烦意乱的模样，奥尔森则沉着冷静。两人正要走出来，撞见我在门口。"哦，施耐德先生，"奥尔森说，"我正准备找你，可以给我播放上次的通话录音吗？"

"我先走了。"麦肯罗斯说罢，越过我的身体走了出去。

我盯着他，心里疑惑不解。

"麦肯罗斯先生不太舒服。"奥尔森用异常严肃的语气回答我，完全不见往常的亲切随和，"让他先回家。施耐德先生，请到我办公室来。"

我们坐下，开始播放录音。

奥尔森表示想再听一遍对话，听完后，他示意秘书，召开一次特别危机会议。整个过程，他只字未提麦肯罗斯，可是我必须知道发言人到底发生了什么。

"这是个人私事。"奥尔森的声音带着一种奇怪的冷漠，将我拒之门外，似乎在提醒我，他和麦肯罗斯已有十几年的交情，而我只是个外聘顾问。危机总是将局势重新洗牌，人们的情绪发生变化，从而形成新的阵营。我十分厌恶这点，所有的偏差和变化只会使我们远离战略目标。这些偏差和变化来自危机中最严重的一种错误：一个人被冲昏头脑，对情况做出自发的、情绪化的反应。

此刻听着谈话的录音，佐默尔女士忍不住悲伤，哭了起来。冯·斯腾伯格女士忘记了会议正在进行，随手点起一支烟，又把烟头掐灭在咖啡杯里，在场众人也视若无睹。斯特凡·克鲁格则努力控制着脸颊肌肉，不让它们突兀地扬起。我的"好朋友"詹森呢？正在一脸不快地盯着我。

"霍尔费尔德呢？"奥尔森用手一拍桌子，大声问道。

此刻的他十分陌生。

"就这么一次，我需要警察，人却不在。"他抱怨道。

他似乎用光了耐心，心里下定决心。

他坚定地盯着我，说道："施耐德先生，我们已经到了极限，绝不能再拖延哪怕一天。我希望今天可以和绑架犯交易，哪怕只是释放斯穆特也好。他必须立刻离开营地，否则他真的会伤害自己，甚至产生不可逆转的心理创伤。"

"麦肯罗斯先生呢？"我问道，心里一边盘算着，如何在没有麦肯罗斯作为发言人的情况下进行交易。我简直要疯了，交接小组还未准备充分，其余条件仍旧不够成熟，我们甚至没有绑架犯的电话，他们一直在更换号码。

奥尔森告诉我："麦肯罗斯先生会完成这笔交易，之后不再担任发言人。"

听罢，我也犯下了错误。我情绪激动地大喊："这么做简直大错特错！"意识到不对后，我艰难地控制声音，尽可能客观地说:"如果妥协,我们就要面对 8 次谈判,绑架犯会为每一个人质索要一笔赎金,这可能得耗上几个礼拜,拖延的每一天都预示着更多风险。如果我们让对方看出了弱点,他们只会穷追不舍、变本加厉,我们必将付出比想象中更多的成本。"

"你只在乎钱,钱,钱!"佐默尔女士大喊。

冯·斯腾伯格女士又点上一支烟,说道:"我也赞成。"

"赞成什么?"克鲁格想知道答案,不由分说地从她的烟盒里抽出一支烟。冯·斯腾伯格女士把打火机递给他,说道:"我们把斯穆特从那里弄出来,还有其他人,不计成本。我这边不知还能瞒多久,一旦泄露出去,我们公司将信誉全无。"

"如果出问题,你们就是毁了自己。"我插了一句话。

"怎么可能比现在更糟?"詹森语气尖锐,狭长的一对眼睛直直地瞪着我,"要是我们自己做主,早就付钱了。你一直用所谓的战术拖延,根本没有任何效果。"

我难以置信地环顾四周,最黑暗的时刻来临了。大厦将倾,他们急于责备,不肯寻找建设性意见和解决办法。"典型的小市民心理",德国联邦国防军的一位培训师如是说。部队也会追责,可是我们更有耐心,危难关头绝不轻言放弃。我们绝不会落入这样的陷阱。

我们把危机看成一个战区,里面有山峰、谷地、溪水、森林……敌人潜伏其中,可能化作平民、女人、农民的模样伪装自己,而我们不知道他的踪迹。不论是战争还是危机,必须始终保持警惕。为此需要小心谨慎地行动，密切关注周围环境，绝不能随便乱跑。敌人潜伏在哪个灌木丛后面？什么是真实的，什么是伪装的？一旦盲目奔跑，极有可能会落入陷阱。

此时的危机小组不但在盲目奔跑，而且听不进我的任何劝告。詹森的话语里甚至含沙射影地说我想故意拖延绑架，赚更多钱："你在我们这儿时间越长，对我们来说就越费钱。"

奥尔森举手制止了他的话，严厉斥责："施耐德先生把赎金从四亿谈到220万美元，已经十分接近行情价格了。最后的行动时机已经成熟。"

"钱，钱，钱，永远是钱。"佐默尔小声嘀咕着。

奥尔森转向我说道："我们很感谢你，施耐德先生。但是，恐怕此刻我们道不同不相为谋。"

我费了好一会儿，才明白这句话的意思。我们要分开了吗？这是最黑暗的时刻，航运公司比任何时候都更需要一位顾问！我的内心感觉糟糕到了极点，我没有完成任务，不论是不是我的过错，现实就是，我失败了，没有解决问题。

"最好，你回慕尼黑吧。"奥尔森补充了一句。

我站起身，说："您是决策者，而我只是顾问。我接受这个决定，尽管是错误的。我认为，您需要一位顾问在身边，如果您不信任我，我建议您另请一位。"

"我们自己可以。"奥尔森简短地回答。

对此我表示强烈怀疑。

分道扬镳

我在停车场碰见霍尔费尔德,他春风满面地朝我走来,在妻子的生日聚会上一定玩得十分尽兴。可当我说完一个小时前的事情,他脸上的喜悦刹那间退散而去。我认定他是一个冷静理智的人,就向他敞开了心扉,说道:"这简直就是致命的打击,我从未见过这种局面,他们半途退缩了。我不断告诉自己,只是工作而已。可还是很恼火,我做错什么了吗?我是不是太严格,还是太混蛋?"

霍尔费尔德从没见过我这一面,显然十分震惊。他搭着我的小臂,对我说:"施耐德,这不能怪你。面对此情此景,他们控制不住自己的情绪。我们都清楚,这种情况可能让人们完全陷入疯狂。"

"很接近了。"

"他们会平复下来的。我一会儿再和奥尔森谈谈,希望你不要急着离开汉堡。我肯定这不是他的真实想法。"

"我的工作已经结束了。"我有些许赌气的成分。

霍尔费尔德拍拍我的肩膀:"别这样,我再和你联系。"

说罢,我们各自朝着不同方向分开。此刻,我只想离开这里。这种感觉十分熟悉,上一次可以追溯到离开联邦国防军的时候,我足足花了几个月的时间才下定决心。在军队的最后半年里,我过得浑浑噩噩,变得沉默寡言。早上下不了床,长官便认定我心思不在部队,一口回绝了美国军队向我发来的邀请,在邀请函上写下:施耐德不行。于是,我成为一名普通百姓,开始全新的挑战。我从未后悔过离开,也从未后悔加入联邦国防军,世间万物皆有缘法。只是现在的我,不愿成为工具,甚至放弃了公务员身份和军队服役的权利。公务员为养老金而活,我不想。

多年来,我的生活翻天覆地,从完全听令的士兵变成了一个独立思考的公民。这种转变或早或晚,也可能根本不出现。

常有人问,我建议大家加入联邦国防军吗?毕竟义务兵役制已被取消。十八九岁的毕业生,很难与泥瓦工、油漆工、屠夫朝夕相处15个月,义务兵役制作为联系不同阶级的社会纽带被彻底撕裂。其实,我们在军队的日子说说笑笑,令人记忆深刻。直到今天,我还时常与一位昔日战友见面叙旧。他现在是一名老师,整天与年轻人相处。学校里几乎没有人谈论联邦国防军,只有学校、学习、国外工作、职业。服兵役?哪有时间,还有很多事情要做。

我坚信,国家需要联邦国防军,为此必须投入金钱,更重要的是给予更多关注和信任。如前文所述，战斗力和战斗价值决定军队的效力，联邦国防军在这两方面十分欠缺：一是作战飞机、作战车辆、士兵和船只数量严重不足；二是军队训练松懈，缺少组织和纪律。听起来似乎老生常谈，但是，军事冲突和战争不是玩笑，为了生存，为了保卫国家，必须做好准备。我已经退役许久，在日常生活中，却常看到路过的士兵鞋子肮脏，或联邦国防军军官的制服不合规，可想而知部队的状况如何。相比之下，英国和法国的部队截然不同。当然，我们不能以少数推断多数，可这些细节正是危机的预警信号。所谓的琐事、小事可能是外部因素，一旦忽略、无视，它们将不再是外部因素，而是表现为一种态度。我认为，德国武装部队早就应该进行大刀阔斧的改革，坚韧、勇气、爱国、担当、毅力、纪律、秩序和训练等主题词必须重新回到舞台中央，它们是军事结构稳定的基石，是一支优秀军队的内在要求，应该摆在核心位置。政治家们认为这些是陈词滥调，无人使用，于是丢弃在一旁，其实，这是让政治恢复力量的唯一途径。

回心转意

我走回酒店，准备收拾行李，脑海里出现数以千计的想法，只感觉无力。我知道解决办法，却无法为航运公司做更多事情。这次失败恐怕也会损毁我的声誉，影响业绩，在业界失去一席之地，为此我不得不向员工与下属新闻部门做出解释。而九名人质，尤其是斯穆特的境况，想必会急剧恶化，甚至会付出生命的代价。我无法想象，航运公司如何在没有顾问的情况下交付赎金和进行谈判，但是霍尔费尔德肯定会提供一定的援助。

"我要退房。"我告诉酒店接待员。方才在房间里，我已经订好机票，给公司打了电话，再收拾好行李。酒店电梯尤其缓慢，我有些不耐烦，懊恼着为何不走楼梯。突然，电梯门打开。奥尔森！他来我的酒店了！

"施耐德先生！"他步入走廊，说道，"幸好你还在！"

我疑惑地看着他。

"我想向你道歉，并邀请你回来帮助我们。"

"霍尔费尔德说的?"我问道。

"有他的功劳,"奥尔森说,"主要是我自己太草率了,非常抱歉,之前我从未做过这样的事。"

"绑架不能跟日常业务相比。"我回答着,心里的千斤重担瞬间落下。我回归了团队,可以继续完成这些工作,争取顺利解决绑架案,解救出船员们。我绝不会当场指责奥尔森,这么做起不到任何效果。眼下最重要的是重建团队之间的信任,否则只会重蹈覆辙。

"你愿意赏脸吃个饭吗?"奥尔森问。

"当然,"我说,"意大利菜、印度菜,还是德国菜?"

"都可以,只要不是素食。"

我们相视大笑。

用餐时,我明白了麦肯罗斯这么做的原因。他是个鳏夫,今天离他妻子过世整整一年。"触景生情吧,"奥尔森说,"我不想说太多,他与儿子似乎也有些分歧。麦肯罗斯先生刚才给我打电话,向我保证明天会继续担任发言人。还有,他想请你不要再说今天这件事。"

"当然。"我点了点头,每个人都有纾解情绪的方法,有些人愿意与人分享,有些人则不愿。说出来总是更好,麦肯罗斯愿意同奥尔森分享,他们是认识多年的好友,总是比较信任。信任是每段关系的基础。

11 达成协议...

不来梅——尼日利亚

12月3日

六个星期过去，双方商定200万美元，没有附加协议。时机成熟，已经到了可以支付赎金的时候。

"好，我们商量好了。请确认一遍。"

"没错，赎金200万美元。"

"请安排好人员，我们才好交接。另外，我们需要确定一个交接地点。"

一辆卡车，两辆吉普车，八名人员组成了一支武装运输队。可是，人质的护照呢？有些丢进运河里了。尼日利亚当局通知我们，将拘留释放的人质："很抱歉，可我们必须按照法律和程序走。"究竟是谁拿走护照，如何才能取回？

尼日利亚当地，我们的合作伙伴与商业代理一起从银行取出赎金，核对清算后，用防水袋包装好，再带着赎金前往藏在尼日尔河的船上，然后出发与绑架者交接。可是，我们遇见了一点麻烦，尼日利亚当局知道人质的护照失踪，决定亲自前往绑架犯营地解救人质。至于发生什么，就又是另外一个故事了。

特种部队指挥原则

——您的个人危机导引

- 采取所有可能的手段确定事态情况。
- 利用不同渠道收集信息。
- 反省自身，抛弃隐藏在心中的教条思想和惯性思维。一旦对方知道我们的惯性行为，就掌握了主动权。
- 绘制个人情况图。
- 斟酌、比较所有可行的方案。
- 列出每个方案的优点和缺点。
- 做决定吧！勇敢一些！果断一点！
- 特殊情况下，面对危机，你必须站出来承担领导者的责任。切记，组建团队不按照地位排序，而是根据领域划分——让合适的人在合适的位置上，你就能所向披靡。
- 让其他人参与决策过程。分析出每个选择方案的优势和劣势。
- 不断验证所做决定的可行性和实效性，若没有效果，修改方案并寻找新方法。
- 清楚地传达你的决定。

- 确定方案的步骤顺序。
- 定期检查是否偏离战略目标。

结语：处理危机有法可循。可以采用军事上的一些原则应对危机，毕竟，当一切尘埃落定时，我们都希望：目标得以实现，领地保持完整，没有人员伤亡。